365일 날마다 만나는 말씀

DAILY
HAGAH
데일리 하가
הָגָה

읽고 | 쓰고 | 생각하고 | 중얼거리고
read | write | think | mumble

있는 그대로의 성경

Bible as it is

01

성경은, 해석과 설교를 통해 설명되기 전부터 그 자체가 하나님의 메시지입니다. 그 메시지는 살아있고 활력이 있어서(히 4:12) 읽히고, 선포되기만 한다면 세상에 유의미한 영향을 나타내는 하나님의 말씀입니다. 이해가 되고 안 되고는 다음 문제입니다. 그래서, 우선은 '있는 그대로의 성경'이라는 개념이 중요합니다.

The Bible itself is God's message even before it is explained through interpretation and preaching. For the word of God is alive and active (Heb 4:12), the message has significant influence on the world as long as it is read and proclaimed. Whether you understand it or not is not something you can think about next. So, first of all, the idea of 'the Bible as it is' is important.

우리는 공감과 깨달음을 통해 성경을 더욱 깊이 받아들일 수 있다고 생각합니다. 그래서 특정 말씀에 밑줄을 긋기도 하고 심지어 핵심 구절을 운운하며 성경을 요약(summary)하기도 합니다. 어떤 이들은 '66권 중에서 이 책만큼은 꼭 읽어야 합니다'라고 말하기도 합니다. 이것은 '받아들여지는 성경'이라 할 수 있습니다. 그것은 은혜의 차별성과 독특함으로 해석될 수 있습니다. 그런데, '있는 그대로의 성경'이란 우리의 감정 혹은 지식적 허용, 신학적 중요성과는 상관없는 상태로서의 하나님 말씀이기에, 그것은 '받아들여지는 성경'보다 본질적입니다.

We can accept the Bible more deeply through empathy and spiritual understanding. So, we underline certain words and even summarize the Bible by talking about key phrases. Some people say, 'You must read this certain book out of 66 books.' This is 'The accepted Bible.' It can be interpreted as the diversity and uniqueness of grace. But 'the Bible as it is' is the word of God that has nothing to do with our emotions, intellectual permission, or theological importance. It is more essential than 'The accepted Bible'.

그래서, 성경은 깨닫거나 이해되기 전에 그저 읽히는 것부터 복됩니다. 사실 성경은 우리가 이해하는 정도에 따라서 하나님의 말씀이었던 적이 없습니다. 본서는 우선! 있는 그대로의 성경을 접하도록 권면하는 책입니다. 아주 평범하고 기초적인 복음 행위를 제안할 뿐입니다.

So, the Bible is blessed by just being read before it is realized or understood. In fact, the Bible has been God's word regardless of whether we understand it or not. This book! It's a book that encourages you to experience the Bible as it is. It just suggests a very ordinary and basic act of the gospel.

하가
Hagah

02

구원받은 사람들로서 가나안 땅의 입구까지 도착한 이스라엘의 눈앞에는 새로운 환경과 더불어 부담스러운 과제가 펼쳐져 있었습니다. 하나님이 약속하셨던 가나안이라는 미래는 텅 빈 곳이 아니었습니다. 그곳을 차지하려면 전쟁을 치루는 과정이 필요했습니다. 그러한 상황에서, 하나님은 이렇게 명령하셨습니다.

The saved people of Israel, who had reached Canaan, had a new environment and a burdensome task to face. Canaan, God's promised land, was not vacant. The Israelites had to go to war to seize it. In this situation, God had commanded:

"이 율법책을 네 입에서 떠나지 말게 하며 주야로 그것을 묵상하여 그 안에 기록된 대로 다 지켜 행하라 그리하면 네 길이 평탄하게 될 것이며 네가 형통하리라"(여호수아 1:8)

"Do not let this Book of the Law depart from your mouth; meditate on it day and night, so that you may be careful to do everything written in it. Then you will be prosperous and successful."(Joshua 1:8 NIV ver.)

성경에서 **'묵상'**(히브리어 '하가'Hagah)이라는 말이 처음 사용된 구절입니다. 하나님은 눈앞에 닥친 문제를 해결하기 위한 실질적인 방안을 알려주신 것이 아니었습니다. 새로운 삶 앞에서 두려움과 부담을 느끼고 있을 백성들에게 하나님께서 가장 먼저 떠올리시고 권면하신 것이 바로 '하가'(묵상)였습니다. 그것이 가장 실질적이고 우선되어야 할 실천항목이었기 때문이었습니다.

It's the first phrase in the Bible where the word "Meditation" (Hebrew word "Hagah") is used. God did not teach us of practical solutions to solve the problem in front of us. The first thing God thought of and recommended to the people who would feel fear and burden to face of a new life was "Hagah" (meditation). Because it was the most practical and a practice that must be prioritized.

묵상의 사전적 의미는, **'눈을 감고 말 없이 마음 속으로 생각한다'**라는 뜻입니다. 하지만 가나안 입성 당시에 명령하신 **'하가'**(Hagah)는 꼭 그런 의미이지는 않았습니다. 그것은 우리가 일반적으로 알고 있던 것처럼 Quiet time(조용한 시간)의 의미보다는 훨씬 시끄럽고 현실적인 상황에서의 역동적인 요구였습니다.

The definition of meditation is, 'Close your eyes and think in your mind without saying a word.' However, Hagah, which God ordered when they entered Canaan, did not necessarily mean that. It was a dynamic demand in a much louder and more realistic situation than the meaning of Quiet time, as we generally know.

성경 곳곳에 등장하는 하가(hagah)라는 단어의 쓰임새를 보면 이렇습니다. 그것은 주로 **'중얼거리다(mutter), 슬퍼하다(mourn), 으르렁거리다(roar), 말하다(speak)'** 등에서 사용되었습니다. 즉 하가는, 주로 **'소리'**와 관련이 깊었으며 무언가를 갈망하거나 그것에 반응하는 것으로써의 중얼거림이나 으르렁댄다는 의미로 사용되었습니다. 먹이 앞에 움츠린 짐승은 아무 것도 하지 않는 것이 아닙니다.

Here's how the word 'Hagah' is used throughout the Bible. It was mainly used in 'mutter,' 'mourn,' 'roar,' and 'speak.' It simply mean that the hagah was mainly related to 'sound' and was used to mean murmuring or growling to desiring for something or responding to it. A beast cowering in front of its prey is not doing nothing.

물론 하가는 삶의 적용과 실천을 위한 깊은 연구의 의미를 포함하고 있습니다. 하지만 하나님께서 여호수아에게 강조하신 묵상이 눈감고 조용히 성경을 노려보는 것이거나 연구자들의 과제로 주신 것이라면, '하가'라는 단어를 사용하지 않으셨을 것입니다. 하지만 새로운 삶을 살아내야 했던 이들에게 주신 하나님의 최우선 명령은 분명히 '하가'였습니다.

Of course, Hagah contains the meaning of deep research for the application and practice of life. However, if God's meditation on Joshua was to close his eyes and stare at the Bible quietly or give it to researchers as a task, he would not have used the word 'Hagah'. However, God's first order given to those who had to live a new life was clearly 'Hagah'.

그래서, 본래 그 단어가 사용되었던 의도에 따르면 하가는 사역이었습니다. 하가는 남는 시간에 해야 한다거나 그저 어떠한 유익을 위해서 행하는 선택 사항이기보다 삶을 위한 최우선 단계 혹은 그 한복판에서 행하여야 할 명령이었습니다.

The word 'Hagah' originally means ministry. Hagah is not something to do in your spare time or just an option for any benefit, it was the first step in life or an order to be followed.

또한 우리는 묵상의 내용이 매일의 현실에 적용되는가를 살피며 '오늘의 구절'을 '오늘의 현실'에 끼워 맞추느라 애쓰기도 합니다. 하지만 본래 하가는 현실을 채우는 퍼즐 조각으로 주어진 것이 아니라 우리를 꾸준히 하나님의 백성일 수 있도록, 또한 하나님이 꾸준히 우리의 하나님이심을 증거하도록 주어진 것이었습니다.

We also try to fit "Today's phrase" into "Today's reality" by looking at whether the contents of meditation apply to our daily life. But Hagah was not originally given as a piece of puzzle for our life, but rather was given so that we could be consistently God's people, and that God is consistently our God.

그렇게 하가(Hagah)는 연구자들에게 주어진 과제가 아니라 구원받은 자들에게 주어진 보편적 명령이었습니다.

So Hagah was not a task given to researchers, but a general command given to the saved.

편찬 의도와 기대
Compilation Intentions and
Expectations

03

성경이면 충분하지만..
The Bible is enough, but..

    이런 생각의 배경하에서 본서가 편찬되었습니다. 사실 성경책이면 충분하지만 오늘날 그리스도인들에게 하나님의 말씀을 가까이하도록 하기 위한 목회적 고민이 이 책을 편찬하도록 하였습니다. 본서는 절대로 성경을 대신할 수 없음이 당연하며, 그저 예배자들의 하가(묵상)를 돕기 위한 소품입니다.

This book is compiled based on this idea. In fact, the Bible is enough in our lives, but the pastoral concern of bringing God's word close to the Christians today led to the compilation of this book. This book can never replace the Bible, and it's just a prop to help the worshipers' hagah(meditation).

교회력에 따른 성경 구절
Biblical verses according
to the ecclesiastical calendar

　본서의 모든 성경 구절들은 교회력과 관련하여 선택하고 배치하였습니다. 본서의 성경 구절 자체가 기독교회의 신앙 고백에 따른 시기적인 메시지인 것입니다. '선택했다'는 사실이 편찬자로서 부담이었지만 교회력은 그리스도인들의 건강한 영성을 위한 일종의 커리큘럼이라고 할 수 있기에, 본서는 그러한 그리스도 교회의 일치된 가르침에 최대한 충실하려고 노력하였습니다.

All Bible verses in this book have been selected and arranged in relation to the church year calendar. The Bible verse itself is a timely message following the Christian Church's confession of faith. The fact that I had to 'select' was a burden as a compiler, but the church year calendar was a kind of curriculum for the healthy spirituality of Christians, so this book tried to be as faithful as possible to the concerted teachings of the Church of Christ.

필요에 의한 출판
Publishing by necessity

　본서는 2021년부터 한국어로 함께 하가하던 교회들을 시작으로 선교지의 요구에 따라 작성되었기에 한국어 외에 몇 가지 언어를 포함하여 출판하게 되었습니다. 익숙한 언어를 선택하여 읽고, 쓰고, 생각하고, 하가(묵상)하실 수 있습니다.

This book was written at the request of the mission site, starting with churches that had been moving together in Korean since 2021, so it was published in several languages in addition to Korean. You can choose a familiar language to read, write, think, and hagah(meditate).

기대하며

여러 지역과 나라에서 서로 다른 예배자들이 날마다 같은 말씀으로 충만한 것이 얼마나 놀라운 일인지를 생각해 봅니다. 하나님의 명령은 하나님의 결과를 위한 것이기에 하가가 하나님의 명령이면 그 결과는 명령을 수행하는 예배자들을 통해 명확해질 것입니다. 이것은 세상에서 기대할 수 없는 놀라운 결과일 것입니다.

Think about how amazing it is that different worshipers in different regions and countries are filled with the same words every day. Since God's command is for God's result, if Hagah is God's command, the result will be clear through the worshipers who carry out his command. This will be an amazing result that the world cannot expect.

[사용된 성경]

한글 - 개역개정

영어 - New International Version

필리핀 - Ang Dating Biblia(1905)

"우리에게 날마다 일용할 양식을 주시옵고"

누가복음 11장 3절

"Give us each day our daily bread."

Luke 11: 3

INVITATION
초대합니다

_____ 에게

위 사람을 한 해 동안 같은 말씀에 귀 기울이는 예배자로서,
하가_Hagah 사역에 동역하는 동역자로 초청합니다.

As a worshipper who listens to the same words throughout the year,
We invite you to work with Hagah ministry as a God's fellow worker.

새롭게 주어진 한 해의 삶을
성실함과 **충성됨**으로
하나님의 말씀으로 살아내시기를 응원하며 축복합니다.

I support and bless you to live by the word of God
this new year's life given to you with sincertiry and loyalty

_____

/   /   /

_____

1월 January _Day 1 to 7

1 Kor) 할렐루야 하늘에서 여호와를 찬양하며 높은 데서 그를 찬양할지어다 그의 모든 천사여 찬양하며 모든 군대여 그를 찬양할지어다(시 148:1-2)

Eng) Praise the LORD. Praise the LORD from the heavens, praise him in the heights above. Praise him, all his angels, praise him, all his heavenly hosts.(Psa 148:1-2)

2 Kor) 해와 달아 그를 찬양하며 밝은 별들아 다 그를 찬양할지어다 하늘의 하늘도 그를 찬양하며 하늘 위에 있는 물들도 그를 찬양할지어다(시 148:3-4)

Eng) Praise him, sun and moon, praise him, all you shining stars. Praise him, you highest heavens and you waters above the skies.(Psa 148:3-4)

3 Kor) 그것들이 여호와의 이름을 찬양함은 그가 명령하시므로 지음을 받았음이로다(시 148:5)

Eng) Let them praise the name of the LORD, for he commanded and they were created. (Psa 148:5)

4 Kor) 하나님이 모든 것을 지으시되 때를 따라 아름답게 하셨고 또 사람들에게는 영원을 사모하는 마음을 주셨느니라 그러나 하나님이 하시는 일의 시종을 사람으로 측량할 수 없게 하셨도다(전 3:11)

Eng) He has made everything beautiful in its time. He has also set eternity in the hearts of men; yet they cannot fathom what God has done from beginning to end.(Ecc 3:11)

5 Kor) 여호와 우리 주여 주의 이름이 온 땅에 어찌 그리 아름다운지요 주의 영광이 하늘을 덮었나이다(시 8:1)

Eng) O LORD, our Lord, how majestic is your name in all the earth! You have set your glory above the heavens.(Psa 8:1)

6 Kor) 보좌에 앉으신 이가 이르시되 보라 내가 만물을 새롭게 하노라 하시고 또 이르시되 이 말은 신실하고 참되니 기록하라 하시고(계 21:5)

Eng) He who was seated on the throne said, "I am making everything new!" Then he said, "Write this down, for these words are trustworthy and true."(Rev 21:5)

7 Kor) 일어나라 빛을 발하라 이는 네 빛이 이르렀고 여호와의 영광이 네 위에 임하였음이니라 (사 60:1)

Eng) Arise, shine, for your light has come, and the glory of the LORD rises upon you. (Isa 60:1)

1월 January _ Day 1 to 7

1

2

3

4

5

6

7

8 Kor) 내가 붙드는 나의 종, 내 마음에 기뻐하는 자 곧 내가 택한 사람을 보라 내가 나의 영을 그에게 주었은즉 그가 이방에 정의를 베풀리라(사 42:1)

Eng) Here is my servant, whom I uphold, my chosen one in whom I delight; I will put my Spirit on him and he will bring justice to the nations.(Isa 42:1)

9 Kor) 나는 여호와이니 이는 내 이름이라 나는 내 영광을 다른 자에게, 내 찬송을 우상에게 주지 아니하리라(사 42:8)

Eng) I am the LORD; that is my name! I will not give my glory to another or my praise to idols.(Isa 42:8)

10 Kor) 여호와께서 자기 백성에게 힘을 주심이여 여호와께서 자기 백성에게 평강의 복을 주시리로다(시 29:11)

Eng) The LORD gives strength to his people; the LORD blesses his people with peace. (Psa 29:11)

11 Kor) 그에 대하여 모든 선지자도 증언하되 그를 믿는 사람들이 다 그의 이름을 힘입어 죄 사함을 받는다 하였느니라(행 10:43)

Eng) All the prophets testify about him that everyone who believes in him receives forgiveness of sins through his name.(Act 10:43)

12 Kor) 요한이 말려 이르되 내가 당신에게서 세례를 받아야 할 터인데 당신이 내게로 오시나이까 (마 3:14)

Eng) John tried to deter him, saying, "I need to be baptized by you, and do you come to me?"(Mat 3:14)

13 Kor) 예수께서 대답하여 이르시되 이제 허락하라 우리가 이와 같이 하여 모든 의를 이루는 것이 합당하니라 하시니 이에 요한이 허락하는지라(마 3:15)

Eng) Jesus replied, "Let it be so now; it is proper for us to do this to fulfill all righteousness." Then John consented.(Mat 3:15)

14 Kor) 하늘로부터 소리가 있어 말씀하시되 이는 내 사랑하는 아들이요 내 기뻐하는 자라 하시니라(마 3:17)

Eng) A voice from heaven said, "This is my Son, whom I love; with him I am well pleased."(Mat 3:17)

Select and write Korean or English

8

9

10

11

12

13

14

15

Kor) 내가 여호와를 기다리고 기다렸더니 귀를 기울이사 나의 부르짖음을 들으셨도다
(시 40:1)

Eng) I waited patiently for the LORD; he turned to me and heard my cry(Psa 40:1)

16

Kor) 나를 기가 막힐 웅덩이와 수렁에서 끌어올리시고 내 발을 반석 위에 두사 내 걸음을 견고
하게 하셨도다(시 40:2)

Eng) He lifted me out of the slimy pit, out of the mud and mire; he set my feet on a
rock and gave me a firm place to stand(Psa 40:2)

17

Kor) 여호와여 주의 긍휼을 내게서 거두지 마시고 주의 인자와 진리로 나를 항상 보호하소서
(시 40:11)

Eng) Do not withhold your mercy from me, O LORD; may your love and your truth
always protect me.(Psa 40:11)

18

Kor) 주께서 너희를 우리 주 예수 그리스도의 날에 책망할 것이 없는 자로 끝까지 견고하게
하시리라(고전 1:8)

Eng) He will keep you strong to the end, so that you will be blameless on the day of
our Lord Jesus Christ.(1Co 1:8)

19

Kor) 이튿날 요한이 예수께서 자기에게 나아오심을 보고 이르되 보라 세상 죄를 지고 가는
하나님의 어린 양이로다(요 1:29)

Eng) The next day John saw Jesus coming toward him and said, "Look, the Lamb of
God, who takes away the sin of the world!"(Joh 1:29)

20

Kor) 예수께서 거니심을 보고 말하되 보라 하나님의 어린 양이로다 두 제자가 그의 말을 듣고
예수를 따르거늘(요 1:36-37)

Eng) When he saw Jesus passing by, he said, "Look, the Lamb of God!" When the two
disciples heard him say this, they followed Jesus.(Joh 1:36-37)

21

Kor) 우리가 그에게서 듣고 너희에게 전하는 소식은 이것이니 곧 하나님은 빛이시라 그에게는
어둠이 조금도 없으시다는 것이니라(요1 1:5)

Eng) This is the message we have heard from him and declare to you: God is light; in
him there is no darkness at all.(1Jo 1:5)

Select and write Korean or English

15

16

17

18

19

20

21

22 Kor) 여호와는 나의 빛이요 나의 구원이시니 내가 누구를 두려워하리요 여호와는 내 생명의 능력이시니 내가 누구를 무서워하리요(시 27:1)

Eng) The LORD is my light and my salvation whom shall I fear? The LORD is the stronghold of my life of whom shall I be afraid?(Psa 27:1)

23 Kor) 너희는 내 얼굴을 찾으라 하실 때에 내가 마음으로 주께 말하되 여호와여 내가 주의 얼굴을 찾으리이다 하였나이다(시 27:8)

Eng) My heart says of you, "Seek his face!" Your face, LORD, I will seek.(Psa 27:8)

24 Kor) 너희를 불러 그의 아들 예수 그리스도 우리 주와 더불어 교제하게 하시는 하나님은 미쁘시도다(고전 1:9)

Eng) God, who has called you into fellowship with his Son Jesus Christ our Lord, is faithful.(1Co 1:9)

25 Kor) 십자가의 도가 멸망하는 자들에게는 미련한 것이요 구원을 받는 우리에게는 하나님의 능력이라(고전 1:18)

Eng) For the message of the cross is foolishness to those who are perishing, but to us who are being saved it is the power of God.(1Co 1:18)

26 Kor) 우리는 그리스도 안에서 그의 은혜의 풍성함을 따라 그의 피로 말미암아 속량 곧 죄 사함을 받았느니라(엡 1:7)

Eng) In him we have redemption through his blood, the forgiveness of sins, in accordance with the riches of God's grace.(Eph 1:7)

27 Kor) 우리가 그를 전파하여 각 사람을 권하고 모든 지혜로 각 사람을 가르침은 각 사람을 그리스도 안에서 완전한 자로 세우려 함이니(골 1:28)

Eng) We proclaim him, admonishing and teaching everyone with all wisdom, so that we may present everyone perfect in Christ.(Col 1:28)

28 Kor) 예수께서 대답하여 이르시되 기록되었으되 사람이 떡으로만 살 것이 아니요 하나님의 입으로부터 나오는 모든 말씀으로 살 것이라 하였느니라 하시니(마 4:4)

Eng) Jesus answered, "It is written: 'Man does not live on bread alone, but on every word that comes from the mouth of God.'"(Mat 4:4)

Select and write Korean or English

22

23

24

25

26

27

28

29 Kor) 사람아 주께서 선한 것이 무엇임을 네게 보이셨나니 여호와께서 네게 구하시는 것은 오직 정의를 행하며 인자를 사랑하며 겸손하게 네 하나님과 함께 행하는 것이 아니냐(미 6:8)

Eng) He has showed you, O man, what is good. And what does the LORD require of you? To act justly and to love mercy and to walk humbly with your God.(Mic 6:8)

30 Kor) 그런즉 내가 이스라엘 가운데에 있어 너희 하나님 여호와가 되고 다른 이가 없는 줄을 너희가 알 것이라 내 백성이 영원히 수치를 당하지 아니하리로다(욜 2:27)

Eng) Then you will know that I am in Israel, that I am the LORD your God, and that there is no other; never again will my people be shamed.(Joe 2:27)

31 Kor) 어리석은 자는 그의 마음에 이르기를 하나님이 없다 하는도다 그들은 부패하고 그 행실이 가증하니 선을 행하는 자가 없도다(시 14:1)

Eng) The fool says in his heart, "There is no God." They are corrupt, their deeds are vile; there is no one who does good.(Psa 14:1)

29

30

31

2월
February

한글, 영어 중에 선택하여 기록하세요

1 Kor) 여호와의 율법은 완전하여 영혼을 소성시키며 여호와의 증거는 확실하여 우둔한 자를 지혜롭게 하며(시 19:7)

Eng) The law of the LORD is perfect, reviving the soul. The statutes of the LORD are trustworthy, making wise the simple.(Psa 19:7)

2 Kor) 여호와의 교훈은 정직하여 마음을 기쁘게 하고 여호와의 계명은 순결하여 눈을 밝게 하시도다(시 19:8)

Eng) The precepts of the LORD are right, giving joy to the heart. The commands of the LORD are radiant, giving light to the eyes.(Psa 19:8)

3 Kor) 십자가의 도가 멸망하는 자들에게는 미련한 것이요 구원을 받는 우리에게는 하나님의 능력이라(고전 1:18)

Eng) For the message of the cross is foolishness to those who are perishing, but to us who are being saved it is the power of God.(1Co 1:18)

4 Kor) 기뻐하고 즐거워하라 하늘에서 너희의 상이 큼이라 너희 전에 있던 선지자들도 이같이 박해하였느니라(마 5:12)

Eng) Rejoice and be glad, because great is your reward in heaven, for in the same way they persecuted the prophets who were before you.(Mat 5:12)

5 Kor) 이같이 너희 빛이 사람 앞에 비치게 하여 그들로 너희 착한 행실을 보고 하늘에 계신 너희 아버지께 영광을 돌리게 하라(마 5:16)

Eng) In the same way, let your light shine before men, that they may see your good deeds and praise your Father in heaven.(Mat 5:16)

6 Kor) 내가 율법이나 선지자를 폐하러 온 줄로 생각하지 말라 폐하러 온 것이 아니요 완전하게 하려 함이라(마 5:17)

Eng) "Do not think that I have come to abolish the Law or the Prophets; I have not come to abolish them but to fulfill them.(Mat 5:17)

7 Kor) 여호와가 너를 항상 인도하여 메마른 곳에서도 네 영혼을 만족하게 하며 네 뼈를 견고하게 하리니 너는 물 댄 동산 같겠고 물이 끊어지지 아니하는 샘 같을 것이라(사 58:11)

Eng) The LORD will guide you always; he will satisfy your needs in a sun-scorched land and will strengthen your frame. You will be like a well-watered garden, like a spring whose waters never fail.(Isa 58:11)

Select and write Korean or English

1

2

3

4

5

6

7

8 Kor) 할렐루야, 여호와를 경외하며 그의 계명을 크게 즐거워하는 자는 복이 있도다(시 112:1)

Eng) Praise the LORD. Blessed is the man who fears the LORD, who finds great delight in his commands.(Psa 112:1)

9 Kor) 정직한 자들에게는 흑암 중에 빛이 일어나나니 그는 자비롭고 긍휼이 많으며 의로운 이로다(시 112:4)

Eng) Even in darkness light dawns for the upright, for the gracious and compassionate and righteous man.(Psa 112:4)

10 Kor) 사람의 일을 사람의 속에 있는 영 외에 누가 알리요 이와 같이 하나님의 일도 하나님의 영 외에는 아무도 알지 못하느니라(고전 2:11)

Eng) For who among men knows the thoughts of a man except the man's spirit within him? In the same way no one knows the thoughts of God except the Spirit of God. (1Co 2:11)

11 Kor) 누가 주의 마음을 알아서 주를 가르치겠느냐 그러나 우리가 그리스도의 마음을 가졌느니라(고전 2:16)

Eng) "For who has known the mind of the Lord that he may instruct him?" But we have the mind of Christ.(1Co 2:16)

12 Kor) 너는 돌아와 다시 여호와의 말씀을 청종하고 내가 오늘 네게 명령하는 그 모든 명령을 행할 것이라(신 30:8)

Eng) You will again obey the LORD and follow all his commands I am giving you today. (Deu 30:8)

13 Kor) 내가 오늘 네게 명령한 이 명령은 네게 어려운 것도 아니요 먼 것도 아니라(신 30:11)

Eng) Now what I am commanding you today is not too difficult for you or beyond your reach.(Deu 30:11)

14 Kor) 내가 주께 범죄하지 아니하려 하여 주의 말씀을 내 마음에 두었나이다(시 119:11)

Eng) I have hidden your word in my heart that I might not sin against you.(Psa 119:11)

8

9

10

11

12

13

14

15 Kor) 내가 주의 법도들을 작은 소리로 읊조리며 주의 길들에 주의하며 주의 율례들을 즐거워하며 주의 말씀을 잊지 아니하리이다(시 119:15-16)

Eng) I meditate on your precepts and consider your ways. I delight in your decrees; I will not neglect your word.(Psa 119:15-16)

16 Kor) 그런즉 심는 이나 물 주는 이는 아무 것도 아니로되 오직 자라게 하시는 이는 하나님뿐이니라(고전 3:7)

Eng) So neither he who plants nor he who waters is anything, but only God, who makes things grow.(1Co 3:7)

17 Kor) 만일 네 오른 눈이 너로 실족하게 하거든 빼어 내버리라 네 백체 중 하나가 없어지고 온몸이 지옥에 던져지지 않는 것이 유익하며(마 5:29)

Eng) If your right eye causes you to sin, gouge it out and throw it away. It is better for you to lose one part of your body than for your whole body to be thrown into hell. (Mat 5:29)

18 Kor) 또한 만일 네 오른손이 너로 실족하게 하거든 찍어 내버리라 네 백체 중 하나가 없어지고 온몸이 지옥에 던져지지 않는 것이 유익하니라(마 5:30)

Eng) And if your right hand causes you to sin, cut it off and throw it away. It is better for you to lose one part of your body than for your whole body to go into hell.(Mat 5:30)

19 Kor) 나를 기가 막힐 웅덩이와 수렁에서 끌어올리시고 내 발을 반석 위에 두사 내 걸음을 견고하게 하셨도다(시 40:2)

Eng) He lifted me out of the slimy pit, out of the mud and mire; he set my feet on a rock and gave me a firm place to stand.(Psa 40:2)

20 Kor) 여호와 우리 하나님이여 주께서는 그들에게 응답하셨고 그들의 행한 대로 갚기는 하셨으나 그들을 용서하신 하나님이시니이다(시 99:8)

Eng) O LORD our God, you answered them; you were to Israel a forgiving God, though you punished their misdeeds.(Psa 99:8)

21 Kor) 우리 주 예수 그리스도의 능력과 강림하심을 너희에게 알게 한 것이 교묘히 만든 이야기를 따른 것이 아니요 우리는 그의 크신 위엄을 친히 본 자라(벧후 1:16)

Eng) We did not follow cleverly invented stories when we told you about the power and coming of our Lord Jesus Christ, but we were eyewitnesses of his majesty.(2Pe 1:16)

Select and write Korean or English

15

16

17

18

19

20

21

22

Kor) 예언은 언제든지 사람의 뜻으로 낸 것이 아니요 오직 성령의 감동하심을 받은 사람들이 하나님께 받아 말한 것임이라(벧후 1:21)

Eng) For prophecy never had its origin in the will of man, but men spoke from God as they were carried along by the Holy Spirit.(2Pe 1:21)

23

Kor) 오직 너희 말은 옳다 옳다, 아니라 아니라 하라 이에서 지나는 것은 악으로부터 나느니라 (마 5:37)

Eng) Simply let your 'Yes' be 'Yes,' and your 'No,' 'No'; anything beyond this comes from the evil one.(Mat 5:37)

24

Kor) 마음의 경영은 사람에게 있어도 말의 응답은 여호와께로부터 나오느니라(잠 16:1)

Eng) To man belong the plans of the heart, but from the LORD comes the reply of the tongue.(Pro 16:1)

25

Kor) 하나님이 주를 다시 살리셨고 또한 그의 권능으로 우리를 다시 살리시리라(고전 6:14)

Eng) By his power God raised the Lord from the dead, and he will raise us also.(1Co 6:14)

26

Kor) 크게 외치라 목소리를 아끼지 말라 네 목소리를 나팔 같이 높여 내 백성에게 그들의 허물을, 야곱의 집에 그들의 죄를 알리라(사 58:1)

Eng) Shout it aloud, do not hold back. Raise your voice like a trumpet. Declare to my people their rebellion and to the house of Jacob their sins.(Isa 58:1)

27

Kor) 허물의 사함을 받고 자신의 죄가 가려진 자는 복이 있도다(시 32:1)

Eng) Blessed is he whose transgressions are forgiven, whose sins are covered.(Psa 32:1)

28

Kor) 이로 말미암아 모든 경건한 자는 주를 만날 기회를 얻어서 주께 기도할지라 진실로 홍수가 범람할지라도 그에게 미치지 못하리이다(시 32:6)

Eng) Therefore let everyone who is godly pray to you while you may be found; surely when the mighty waters rise, they will not reach him.(Psa 32:6)

22

23

24

25

26

27

28

29

Kor) 사람에게 보이려고 그들 앞에서 너희 의를 행하지 않도록 주의하라 그리하지 아니하면 하늘에 계신 너희 아버지께 상을 받지 못하느니라(마 6:1)

Eng) Be careful not to do your 'acts of righteousness' before men, to be seen by them. If you do, you will have no reward from your Father in heaven.(Mat 6:1)

Select and write Korean or English

29

3월
March

1

Kor) 그러므로 한 사람으로 말미암아 죄가 세상에 들어오고 죄로 말미암아 사망이 들어왔나니 이와 같이 모든 사람이 죄를 지었으므로 사망이 모든 사람에게 이르렀느니라 (롬 5:12)

Eng) Therefore, just as sin entered the world through one man, and death through sin, and in this way death came to all men, because all sinned.(Rom 5:12)

2

Kor) 예수께서 대답하여 이르시되 기록되었으되 사람이 떡으로만 살 것이 아니요 하나님의 입으로부터 나오는 모든 말씀으로 살 것이라 하였느니라 하시니 (마 4:4)

Eng) Jesus answered, "It is written: 'Man does not live on bread alone, but on every word that comes from the mouth of God.'"(Mat 4:4)

3

Kor) 그러므로 우리가 담대히 말하되 주는 나를 돕는 이시니 내가 무서워하지 아니하겠노라 사람이 내게 어찌하리요 하노라(히 13:6)

Eng) So we say with confidence, "The Lord is my helper; I will not be afraid. What can man do to me?"(Heb 13:6)

4

Kor) 여호와께서 아브람에게 이르시되 너는 너의 고향과 친척과 아버지의 집을 떠나 내가 네게 보여 줄 땅으로 가라(창 12:1)

Eng) The LORD had said to Abram, Leave your country, your people and your father's household and go to the land I will show you.(Gen 12:1)

5

Kor) 내가 너로 큰 민족을 이루고 네게 복을 주어 네 이름을 창대하게 하리니 너는 복이 될지라 (창 12:2)

Eng) I will make you into a great nation and I will bless you; I will make your name great, and you will be a blessing.(Gen 12:2)

6

Kor) 내가 산을 향하여 눈을 들리라 나의 도움이 어디서 올까 나의 도움은 천지를 지으신 여호와에게서로다(시 121:1-2)

Eng) I lift up my eyes to the hills where does my help come from? My help comes from the LORD, the Maker of heaven and earth.(Psa 121:1-2)

7

Kor) 낮의 해가 너를 상하게 하지 아니하며 밤의 달도 너를 해치지 아니하리로다(시 121:6)

Eng) the sun will not harm you by day, nor the moon by night.(Psa 121:6)

1

2

3

4

5

6

7

8

Kor) 성경이 무엇을 말하느냐 아브라함이 하나님을 믿으매 그것이 그에게 의로 여겨진 바 되었느니라(롬 4:3)

Eng) What does the Scripture say? "Abraham believed God, and it was credited to him as righteousness."(Rom 4:3)

9

Kor) 예수께서 대답하여 이르시되 진실로 진실로 네게 이르노니 사람이 거듭나지 아니하면 하나님의 나라를 볼 수 없느니라(요 3:3)

Eng) In reply Jesus declared, "I tell you the truth, no one can see the kingdom of God unless he is born again."(Joh 3:3)

10

Kor) 예수께서 대답하시되 진실로 진실로 네게 이르노니 사람이 물과 성령으로 나지 아니하면 하나님의 나라에 들어갈 수 없느니라(요 3:5)

Eng) Jesus answered, "I tell you the truth, no one can enter the kingdom of God unless he is born of water and the Spirit.(Joh 3:5)

11

Kor) 하나님이 보내신 이는 하나님의 말씀을 하나니 이는 하나님이 성령을 한량 없이 주심이니라(요 3:34)

Eng) For the one whom God has sent speaks the words of God, for God gives the Spirit without limit.(Joh 3:34)

12

Kor) 아들을 믿는 자에게는 영생이 있고 아들에게 순종하지 아니하는 자는 영생을 보지 못하고 도리어 하나님의 진노가 그 위에 머물러 있느니라(요 3:36)

Eng) Whoever believes in the Son has eternal life, but whoever rejects the Son will not see life, for God's wrath remains on him."(Joh 3:36)

13

Kor) 오라 우리가 여호와께 노래하며 우리의 구원의 반석을 향하여 즐거이 외치자(시 95:1)

Eng) Come, let us sing for joy to the LORD; let us shout aloud to the Rock of our salvation.(Psa 95:1)

14

Kor) 우리가 감사함으로 그 앞에 나아가며 시를 지어 즐거이 그를 노래하자 여호와는 크신 하나님이시요 모든 신들보다 크신 왕이시기 때문이로다(시 95:2-3)

Eng) Let us come before him with thanksgiving and extol him with music and song. For the LORD is the great God, the great King above all gods.(Psa 95:2-3)

Select and write Korean or English

8

9

10

11

12

13

14

15

Kor) 그러므로 우리가 믿음으로 의롭다 하심을 받았으니 우리 주 예수 그리스도로 말미암아 하나님과 화평을 누리자(롬 5:1)

Eng) Therefore, since we have been justified through faith, we have peace with God through our Lord Jesus Christ.(Rom 5:1)

16

Kor) 다만 이뿐 아니라 우리가 환난 중에도 즐거워하나니 이는 환난은 인내를, 인내는 연단을, 연단은 소망을 이루는 줄 앎이로다(롬 5:3-4)

Eng) Not only so, but we also rejoice in our sufferings, because we know that suffering produces perseverance; perseverance, character; and character, hope.(Rom 5:3-4)

17

Kor) 예수께서 이르시되 여자여 내 말을 믿으라 이 산에서도 말고 예루살렘에서도 말고 너희가 아버지께 예배할 때가 이르리라(요 4:21)

Eng) Jesus declared, "Believe me, woman, a time is coming when you will worship the Father neither on this mountain nor in Jerusalem.(Joh 4:21)

18

Kor) 예수께서 이르시되 나의 양식은 나를 보내신 이의 뜻을 행하며 그의 일을 온전히 이루는 이것이니라(요 4:34)

Eng) "My food," said Jesus, "is to do the will of him who sent me and to finish his work.(Joh 4:34)

19

Kor) 여호와는 나의 목자시니 내게 부족함이 없으리로다 그가 나를 푸른 풀밭에 누이시며 쉴 만한 물가로 인도하시는도다(시 23:1-2)

Eng) The LORD is my shepherd, I shall not be in want. He makes me lie down in green pastures, he leads me beside quiet waters,(Psa 23:1-2)

20

Kor) 내가 사망의 음침한 골짜기로 다닐지라도 해를 두려워하지 않을 것은 주께서 나와 함께 하심이라 주의 지팡이와 막대기가 나를 안위하시나이다(시 23:4)

Eng) Even though I walk through the valley of the shadow of death, I will fear no evil, for you are with me; your rod and your staff, they comfort me.(Psa 23:4)

21

Kor) 육신의 생각은 사망이요 영의 생각은 생명과 평안이니라(롬 8:6)

Eng) The mind of sinful man is death, but the mind controlled by the Spirit is life and peace;(Rom 8:6)

Select and write Korean or English

15

16

17

18

19

20

21

22

Kor) 육신의 생각은 하나님과 원수가 되나니 이는 하나님의 법에 굴복하지 아니할 뿐 아니라 할 수도 없음이라(롬 8:7)

Eng) the sinful mind is hostile to God. It does not submit to God's law, nor can it do so. (Rom 8:7)

23

Kor) 만일 너희 속에 하나님의 영이 거하시면 너희가 육신에 있지 아니하고 영에 있나니 누구든지 그리스도의 영이 없으면 그리스도의 사람이 아니라(롬 8:9)

Eng) You, however, are controlled not by the sinful nature but by the Spirit, if the Spirit of God lives in you. And if anyone does not have the Spirit of Christ, he does not belong to Christ.(Rom 8:9)

24

Kor) 예수께서 이르시되 나는 부활이요 생명이니 나를 믿는 자는 죽어도 살겠고(요 11:25)

Eng) Jesus said to her, "I am the resurrection and the life. He who believes in me will live, even though he dies;(Joh 11:25)

25

Kor) 그가 내게 이르시되 인자야 이 뼈들이 능히 살 수 있겠느냐 하시기로 내가 대답하되 주 여호와여 주께서 아시나이다(겔 37:3)

Eng) He asked me, "Son of man, can these bones live?" I said, "O Sovereign LORD, you alone know."(Eze 37:3)

26

Kor) 이에 내가 그 명령대로 대언하였더니 생기가 그들에게 들어가매 그들이 곧 살아나서 일어나 서는데 극히 큰 군대더라(겔 37:10)

Eng) So I prophesied as he commanded me, and breath entered them; they came to life and stood up on their feet a vast army.(Eze 37:10)

27

Kor) 여호와여 주께서 죄악을 지켜보실진대 주여 누가 서리이까 그러나 사유하심이 주께 있음은 주를 경외하게 하심이니이다(시 130:3-4)

Eng) If you, O LORD, kept a record of sins, O Lord, who could stand? But with you there is forgiveness; therefore you are feared.(Psa 130:3-4)

28

Kor) 이스라엘아 여호와를 바랄지어다 여호와께서는 인자하심과 풍성한 속량이 있음이라 (시 130:7)

Eng) O Israel, put your hope in the LORD, for with the LORD is unfailing love and with him is full redemption.(Psa 130:7)

Select and write Korean or English

22

23

24

25

26

27

28

3월 March _ Day 29 to 31

29

Kor) 너희가 사람의 잘못을 용서하면 너희 하늘 아버지께서도 너희 잘못을 용서하시려니와 (마 6:14)

Eng) For if you forgive men when they sin against you, your heavenly Father will also forgive you.(Mat 6:14)

30

Kor) 예수 그리스도는 어제나 오늘이나 영원토록 동일하시니라(히 13:8)

Eng) Jesus Christ is the same yesterday and today and forever.(Heb 13:8)

31

Kor) 너희 중에 누구든지 지혜가 부족하거든 모든 사람에게 후히 주시고 꾸짖지 아니하시는 하나님께 구하라 그리하면 주시리라(약 1:5)

Eng) If any of you lacks wisdom, he should ask God, who gives generously to all without finding fault, and it will be given to him.(Jam 1:5)

Select and write Korean or English

29

30

31

4 월
April

4월 April _Day 1 to 7

한글, 영어 중에 선택하여 기록하세요

1

Kor) 여호와께 감사하라 그는 선하시며 그의 인자하심이 영원함이로다 이제 이스라엘은 말하기를 그의 인자하심이 영원하다 할지로다(시 118:1-2)

Eng) Give thanks to the LORD, for he is good; his love endures forever. Let Israel say: "His love endures forever."(Psa 118:1-2)

2

Kor) 건축자가 버린 돌이 집 모퉁이의 머릿돌이 되었나니 이는 여호와께서 행하신 것이요 우리 눈에 기이한 바로다(시 118:22-23)

Eng) The stone the builders rejected has become the capstone; the LORD has done this, and it is marvelous in our eyes.(Psa 118:22-23)

3

Kor) 앞에서 가고 뒤에서 따르는 무리가 소리 높여 이르되 호산나 다윗의 자손이여 찬송하리로다 주의 이름으로 오시는 이여 가장 높은 곳에서 호산나 하더라(마 21:9)

Eng) The crowds that went ahead of him and those that followed shouted, "Hosanna to the Son of David!" "Blessed is he who comes in the name of the Lord!" "Hosanna in the highest!"(Mat 21:9)

4

Kor) 내가 붙드는 나의 종, 내 마음에 기뻐하는 자 곧 내가 택한 사람을 보라 내가 나의 영을 그에게 주었은즉 그가 이방에 정의를 베풀리라(사 42:1)

Eng) "Here is my servant, whom I uphold, my chosen one in whom I delight; I will put my Spirit on him and he will bring justice to the nations.(Isa 42:1)

5

Kor) 나를 때리는 자들에게 내 등을 맡기며 나의 수염을 뽑는 자들에게 나의 뺨을 맡기며 모욕과 침 뱉음을 당하여도 내 얼굴을 가리지 아니하였느니라(사 50:6)

Eng) I offered my back to those who beat me, my cheeks to those who pulled out my beard; I did not hide my face from mocking and spitting.(Isa 50:6)

6

Kor) 그의 경건한 자들의 죽음은 여호와께서 보시기에 귀중한 것이로다(시 116:15)

Eng) Precious in the sight of the LORD is the death of his saints.(Psa 116:15)

7

Kor) 그러므로 형제들아 우리가 예수의 피를 힘입어 성소에 들어갈 담력을 얻었나니(히 10:19)

Eng) Therefore, brothers, since we have confidence to enter the Most Holy Place by the blood of Jesus,(Heb 10:19)

1

2

3

4

5

6

7

8

Kor) 그리스도께서 이미 육체의 고난을 받으셨으니 너희도 같은 마음으로 갑옷을 삼으라 이는 육체의 고난을 받은 자는 죄를 그쳤음이니(벧전 4:1)

Eng) Therefore, since Christ suffered in his body, arm yourselves also with the same attitude, because he who has suffered in his body is done with sin.(1Pe 4:1)

9

Kor) 그에 대하여 모든 선지자도 증언하되 그를 믿는 사람들이 다 그의 이름을 힘입어 죄 사함을 받는다 하였느니라(행 10:43)

Eng) All the prophets testify about him that everyone who believes in him receives forgiveness of sins through his name."(Act 10:43)

10

Kor) 옛적에 여호와께서 나에게 나타나사 내가 영원한 사랑으로 너를 사랑하기에 인자함으로 너를 이끌었다 하였노라(렘 31:3)

Eng) The LORD appeared to us in the past, saying: "I have loved you with an everlasting love; I have drawn you with loving-kindness.(Jer 31:3)

11

Kor) 여호와는 나의 능력과 찬송이시요 또 나의 구원이 되셨도다(시 118:14)

Eng) The LORD is my strength and my song; he has become my salvation.(Psa 118:14)

12

Kor) 여호와께서 나를 심히 경책하셨어도 죽음에는 넘기지 아니하셨도다(시 118:18)

Eng) The LORD has chastened me severely, but he has not given me over to death. (Psa 118:18)

13

Kor) 그러므로 너희가 그리스도와 함께 다시 살리심을 받았으면 위의 것을 찾으라 거기는 그리스도께서 하나님 우편에 앉아 계시느니라(골 3:1)

Eng) Since, then, you have been raised with Christ, set your hearts on things above, where Christ is seated at the right hand of God.(Col 3:1)

14

Kor) 위의 것을 생각하고 땅의 것을 생각하지 말라 이는 너희가 죽었고 너희 생명이 그리스도와 함께 하나님 안에 감추어졌음이라(골 3:2-3)

Eng) Set your minds on things above, not on earthly things. For you died, and your life is now hidden with Christ in God.(Col 3:2-3)

8

9

10

11

12

13

14

15

Kor) 그가 여기 계시지 않고 그가 말씀하시던 대로 살아나셨느니라 와서 그가 누우셨던 곳을 보라(마 28:6)

Eng) He is not here; he has risen, just as he said. Come and see the place where he lay. (Mat 28:6)

16

Kor) 하나님께서 그를 사망의 고통에서 풀어 살리셨으니 이는 그가 사망에 매여 있을 수 없었음이라(행 2:24)

Eng) God raised him from the dead, freeing him from the agony of death, because it was impossible for death to keep its hold on him.(Act 2:24)

17

Kor) 내가 여호와를 항상 내 앞에 모심이여 그가 나의 오른쪽에 계시므로 내가 흔들리지 아니하리로다(시 16:8)

Eng) I have set the LORD always before me. Because he is at my right hand, I will not be shaken.(Psa 16:8)

18

Kor) 주께서 생명의 길을 내게 보이시리니 주의 앞에는 충만한 기쁨이 있고 주의 오른쪽에는 영원한 즐거움이 있나이다(시 16:11)

Eng) You have made known to me the path of life; you will fill me with joy in your presence, with eternal pleasures at your right hand.(Psa 16:11)

19

Kor) 너희는 말세에 나타내기로 예비하신 구원을 얻기 위하여 믿음으로 말미암아 하나님의 능력으로 보호하심을 받았느니라(벧전 1:5)

Eng) who through faith are shielded by God's power until the coming of the salvation that is ready to be revealed in the last time.(1Pe 1:5)

20

Kor) 너희 믿음의 확실함은 불로 연단하여도 없어질 금보다 더 귀하여 예수 그리스도께서 나타나실 때에 칭찬과 영광과 존귀를 얻게 할 것이니라(벧전 1:7)

Eng) These have come so that your faith of greater worth than gold, which perishes even though refined by fire may be proved genuine and may result in praise, glory and honor when Jesus Christ is revealed.(1Pe 1:7)

21

Kor) 이날 곧 안식 후 첫날 저녁때에 제자들이 유대인들을 두려워하여 모인 곳의 문들을 닫았더니 예수께서 오사 가운데 서서 이르시되 너희에게 평강이 있을지어다(요 20:19)

Eng) On the evening of that first day of the week, when the disciples were together, with the doors locked for fear of the Jews, Jesus came and stood among them and said, "Peace be with you!"(Joh 20:19)

15

16

17

18

19

20

21

22

Kor) 예수께서 또 이르시되 너희에게 평강이 있을지어다 아버지께서 나를 보내신 것 같이 나도 너희를 보내노라(요 20:21)

Eng) Again Jesus said, "Peace be with you! As the Father has sent me, I am sending you."(Joh 20:21)

23

Kor) 그런즉 이스라엘 온 집은 확실히 알지니 너희가 십자가에 못 박은 이 예수를 하나님이 주와 그리스도가 되게 하셨느니라 하니라(행 2:36)

Eng) "Therefore let all Israel be assured of this: God has made this Jesus, whom you crucified, both Lord and Christ."(Act 2:36)

24

Kor) 베드로가 이르되 너희가 회개하여 각각 예수 그리스도의 이름으로 세례를 받고 죄 사함을 받으라 그리하면 성령의 선물을 받으리니(행 2:38)

Eng) Peter replied, "Repent and be baptized, every one of you, in the name of Jesus Christ for the forgiveness of your sins. And you will receive the gift of the Holy Spirit."(Act 2:38)

25

Kor) 그의 귀를 내게 기울이셨으므로 내가 평생에 기도하리로다(시 116:2)

Eng) Because he turned his ear to me, I will call on him as long as I live.(Psa 116:2)

26

Kor) 내가 여호와의 이름으로 기도하기를 여호와여 주께 구하오니 내 영혼을 건지소서 하였도다(시 116:4)

Eng) Then I called on the name of the LORD : "O LORD, save me!"(Psa 116:4)

27

Kor) 외모로 보시지 않고 각 사람의 행위대로 심판하시는 이를 너희가 아버지라 부른즉 너희가 나그네로 있을 때를 두려움으로 지내라(벧전 1:17)

Eng) Since you call on a Father who judges each man's work impartially, live your lives as strangers here in reverent fear.(1Pe 1:17)

28

Kor) 너희는 그를 죽은 자 가운데서 살리시고 영광을 주신 하나님을 그리스도로 말미암아 믿는 자니 너희 믿음과 소망이 하나님께 있게 하셨느니라(벧전 1:21)

Eng) Through him you believe in God, who raised him from the dead and glorified him, and so your faith and hope are in God.(1Pe 1:21)

Select and write Korean or English

22

23

24

25

26

27

28

4월 April _ Day 29 to 30

한글, 영어 중에 선택하여 기록하세요

29 Kor) 그들이 서로 말하되 길에서 우리에게 말씀하시고 우리에게 성경을 풀어 주실 때에 우리 속에서 마음이 뜨겁지 아니하더냐 하고(눅 24:32)

Eng) They asked each other, "Were not our hearts burning within us while he talked with us on the road and opened the Scriptures to us?"(Luk 24:32)

30 Kor) 여기 계시지 않고 살아나셨느니라 갈릴리에 계실 때에 너희에게 어떻게 말씀하셨는지를 기억하라(눅 24:6)

Eng) He is not here; he has risen! Remember how he told you, while he was still with you in Galilee:(Luk 24:6)

29

30

5월
May

1

Kor) 그들이 사도의 가르침을 받아 서로 교제하고 떡을 떼며 오로지 기도하기를 힘쓰니라
(행 2:42)

Eng) They devoted themselves to the apostles' teaching and to the fellowship, to the breaking of bread and to prayer.(Act 2:42)

2

Kor) 내 평생에 선하심과 인자하심이 반드시 나를 따르리니 내가 여호와의 집에 영원히 살리로다(시 23:6)

Eng) Surely goodness and love will follow me all the days of my life, and I will dwell in the house of the LORD forever.(Psa 23:6)

3

Kor) 죄가 있어 매를 맞고 참으면 무슨 칭찬이 있으리요 그러나 선을 행함으로 고난을 받고 참으면 이는 하나님 앞에 아름다우니라(벧전 2:20)

Eng) how is it to your credit if you receive a beating for doing wrong and endure it? But if you suffer for doing good and you endure it, this is commendable before God. (1Pe 2:20)

4

Kor) 너희가 전에는 양과 같이 길을 잃었더니 이제는 너희 영혼의 목자와 감독 되신 이에게 돌아왔느니라(벧전 2:25)

Eng) For you were like sheep going astray, but now you have returned to the Shepherd and Overseer of your souls.(1Pe 2:25)

5

Kor) 내가 문이니 누구든지 나로 말미암아 들어가면 구원을 받고 또는 들어가며 나오며 꼴을 얻으리라(요 10:9)

Eng) I am the gate; whoever enters through me will be saved. He will come in and go out, and find pasture.(Joh 10:9)

6

Kor) 주는 나의 반석과 산성이시니 그러므로 주의 이름을 생각하셔서 나를 인도하시고 지도하소서(시 31:3)

Eng) Since you are my rock and my fortress, for the sake of your name lead and guide me.(Psa 31:3)

7

Kor) 내가 나의 영을 주의 손에 부탁하나이다 진리의 하나님 여호와여 나를 속량하셨나이다
(시 31:5)

Eng) Into your hands I commit my spirit; redeem me, O LORD, the God of truth.(Psa 31:5)

1

2

3

4

5

6

7

8 Kor) 스데반이 성령 충만하여 하늘을 우러러 주목하여 하나님의 영광과 및 예수께서 하나님 우편에 서신 것을 보고(행 7:55)

Eng) Stephen, full of the Holy Spirit, looked up to heaven and saw the glory of God, and Jesus standing at the right hand of God.(Act 7:55)

9 Kor) 그러므로 모든 악독과 모든 기만과 외식과 시기와 모든 비방하는 말을 버리고(벧전 2:1)

Eng) Therefore, rid yourselves of all malice and all deceit, hypocrisy, envy, and slander of every kind.(1Pe 2:1)

10 Kor) 갓난 아기들 같이 순전하고 신령한 젖을 사모하라 이는 그로 말미암아 너희로 구원에 이르도록 자라게 하려 함이라(벧전 2:2)

Eng) Like newborn babies, crave pure spiritual milk, so that by it you may grow up in your salvation,(1Pe 2:2)

11 Kor) 너희는 마음에 근심하지 말라 하나님을 믿으니 또 나를 믿으라(요 14:1)

Eng) "Do not let your hearts be troubled. Trust in God; trust also in me.(Joh 14:1)

12 Kor) 예수께서 이르시되 내가 곧 길이요 진리요 생명이니 나로 말미암지 않고는 아버지께로 올 자가 없느니라(요 14:6)

Eng) Jesus answered, "I am the way and the truth and the life. No one comes to the Father except through me."(Joh 14:6)

13 Kor) 인류의 모든 족속을 한 혈통으로 만드사 온 땅에 살게 하시고 그들의 연대를 정하시며 거주의 경계를 한정하셨으니(행 17:26)

Eng) From one man he made every nation of men, that they should inhabit the whole earth; and he determined the times set for them and the exact places where they should live.(Act 17:26)

14 Kor) 이는 사람으로 혹 하나님을 더듬어 찾아 발견하게 하려 하심이로되 그는 우리 각 사람에게서 멀리 계시지 아니하도다(행 17:27)

Eng) God did this so that men would seek him and perhaps reach out for him and find him, though he is not far from each one of us.(Act 17:27)

Select and write Korean or English

8

9

10

11

12

13

14

15

Kor) 내가 나의 마음에 죄악을 품었더라면 주께서 듣지 아니하시리라(시 66:18)

Eng) If I had cherished sin in my heart, the Lord would not have listened;(Psa 66:18)

16

Kor) 하나님을 찬송하리로다 그가 내 기도를 물리치지 아니하시고 그의 인자하심을 내게서 거두지도 아니하셨도다(시 66:20)

Eng) Praise be to God, who has not rejected my prayer or withheld his love from me! (Psa 66:20)

17

Kor) 선한 양심을 가지라 이는 그리스도 안에 있는 너희의 선행을 욕하는 자들로 그 비방하는 일에 부끄러움을 당하게 하려 함이라(벧전 3:16)

Eng) keeping a clear conscience, so that those who speak maliciously against your good behavior in Christ may be ashamed of their slander.(1Pe 3:16)

18

Kor) 선을 행함으로 고난 받는 것이 하나님의 뜻일진대 악을 행함으로 고난 받는 것보다 나으니라(벧전 3:17)

Eng) It is better, if it is God's will, to suffer for doing good than for doing evil.(1Pe 3:17)

19

Kor) 교회는 그의 몸이니 만물 안에서 만물을 충만하게 하시는 이의 충만함이니라(엡 1:23)

Eng) which is his body, the fullness of him who fills everything in every way.(Eph 1:23)

20

Kor) 주의 보좌는 예로부터 견고히 섰으며 주는 영원부터 계셨나이다(시 93:2)

Eng) Your throne was established long ago; you are from all eternity.(Psa 93:2)

21

Kor) 볼지어다 내가 내 아버지께서 약속하신 것을 너희에게 보내리니 너희는 위로부터 능력으로 입혀질 때까지 이 성에 머물라 하시니라(눅 24:49)

Eng) "I am going to send you what my Father has promised; but stay in the city until you have been clothed with power from on high."(Luk 24:49)

15

16

17

18

19

20

21

한글, 영어 중에 선택하여 기록하세요

22 Kor) 오직 성령이 너희에게 임하시면 너희가 권능을 받고 예루살렘과 온 유대와 사마리아와 땅 끝까지 이르러 내 증인이 되리라 하시니라(행 1:8)

Eng) But you will receive power when the Holy Spirit comes on you; and you will be my witnesses in Jerusalem, and in all Judea and Samaria, and to the ends of the earth.(Act 1:8)

23 Kor) 하나님이여 위엄을 성소에서 나타내시나이다 이스라엘의 하나님은 그의 백성에게 힘과 능력을 주시나니 하나님을 찬송할지어다(시 68:35)

Eng) You are awesome, O God, in your sanctuary; the God of Israel gives power and strength to his people. Praise be to God!(Psa 68:35)

24 Kor) 사랑하는 자들아 너희를 연단하려고 오는 불 시험을 이상한 일 당하는 것 같이 이상히 여기지 말고(벧전 4:12)

Eng) Dear friends, do not be surprised at the painful trial you are suffering, as though something strange were happening to you.(1Pe 4:12)

25 Kor) 오히려 너희가 그리스도의 고난에 참여하는 것으로 즐거워하라 이는 그의 영광을 나타 내실 때에 너희로 즐거워하고 기뻐하게 하려 함이라(벧전 4:13)

Eng) But rejoice that you participate in the sufferings of Christ, so that you may be overjoyed when his glory is revealed.(1Pe 4:13)

26 Kor) 영생은 곧 유일하신 참 하나님과 그가 보내신 자 예수 그리스도를 아는 것이니이다 (요 17:3)

Eng) Now this is eternal life: that they may know you, the only true God, and Jesus Christ, whom you have sent.(Joh 17:3)

27 Kor) 그들이 다 성령의 충만함을 받고 성령이 말하게 하심을 따라 다른 언어들로 말하기를 시작하니라(행 2:4)

Eng) All of them were filled with the Holy Spirit and began to speak in other tongues as the Spirit enabled them.(Act 2:4)

28 Kor) 여호와여 주께서 하신 일이 어찌 그리 많은지요 주께서 지혜로 그들을 다 지으셨으니 주께서 지으신 것들이 땅에 가득하니이다(시 104:24)

Eng) How many are your works, O LORD! In wisdom you made them all; the earth is full of your creatures.(Psa 104:24)

Select and write Korean or English

22

23

24

25

26

27

28

5월 May _ Day 29 to 31

한글, 영어 중에 선택하여 기록하세요

29 Kor) 여호와의 영광이 영원히 계속할지며 여호와는 자신께서 행하시는 일들로 말미암아 즐
거워하시리로다(시 104:31)

Eng) May the glory of the LORD endure forever; may the LORD rejoice in his works
(Psa 104:31)

30 Kor) 각 사람에게 성령을 나타내심은 유익하게 하려 하심이라(고전 12:7)

Eng) Now to each one the manifestation of the Spirit is given for the common good.
(1Co 12:7)

31 Kor) 예수께서 또 이르시되 너희에게 평강이 있을지어다 아버지께서 나를 보내신 것 같이 나도 너
희를 보내노라(요 20:21)

Eng) Again Jesus said, "Peace be with you! As the Father has sent me, I am sending
you." (Joh 20:21)

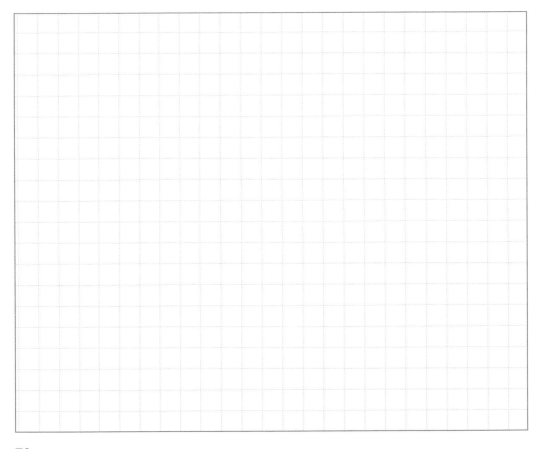

29

30

31

6월
June

1 Kor) 나를 믿는 자는 성경에 이름과 같이 그 배에서 생수의 강이 흘러나오리라 하시니
(요 7:38)

Eng) Whoever believes in me, as the Scripture has said, streams of living water will flow from within him."(Joh 7:38)

2 Kor) 너희는 여호와를 만날 만한 때에 찾으라 가까이 계실 때에 그를 부르라(사 55:6)

Eng) Seek the LORD while he may be found; call on him while he is near.(Isa 55:6)

3 Kor) 하나님이 빛을 낮이라 부르시고 어둠을 밤이라 부르시니라 저녁이 되고 아침이 되니 이는 첫째 날이니라(창 1:5)

Eng) God called the light "day," and the darkness he called "night." And there was evening, and there was morning the first day.(Gen 1:5)

4 Kor) 하나님이 지으신 그 모든 것을 보시니 보시기에 심히 좋았더라 저녁이 되고 아침이 되니 이는 여섯째 날이니라(창 1:31)

Eng) God saw all that he had made, and it was very good. And there was evening, and there was morning the sixth day.(Gen 1:31)

5 Kor) 여호와 우리 주여 주의 이름이 온 땅에 어찌 그리 아름다운지요 주의 영광이 하늘을 덮었나이다(시 8:1)

Eng) O LORD, our Lord, how majestic is your name in all the earth! You have set your glory above the heavens.(Psa 8:1)

6 Kor) 우리가 선을 행하되 낙심하지 말지니 포기하지 아니하면 때가 이르매 거두리라(갈 6:9)

Eng) Let us not become weary in doing good, for at the proper time we will reap a harvest if we do not give up.(Gal 6:9)

7 Kor) 모든 성도가 너희에게 문안하느니라 주 예수 그리스도의 은혜와 하나님의 사랑과 성령의 교통하심이 너희 무리와 함께 있을지어다(고후 13:12-13)

Eng) All the saints send their greetings. May the grace of the Lord Jesus Christ, and the love of God, and the fellowship of the Holy Spirit be with you all.(2Co 13:12-13)

1

2

3

4

5

6

7

8

Kor) 그러므로 너희는 가서 모든 민족을 제자로 삼아 아버지와 아들과 성령의 이름으로 세례를 베풀고(마 28:19)

Eng) Therefore go and make disciples of all nations, baptizing them in the name of the Father and of the Son and of the Holy Spirit(Mat 28:19)

9

Kor) 내가 너희에게 분부한 모든 것을 가르쳐 지키게 하라 볼지어다 내가 세상 끝날까지 너희와 항상 함께 있으리라 하시니라(마 28:20)

Eng) and teaching them to obey everything I have commanded you. And surely I am with you always, to the very end of the age."(Mat 28:20)

10

Kor) 주께서 나를 가르치셨으므로 내가 주의 규례들에서 떠나지 아니하였나이다(시 119:102)

Eng) I have not departed from your laws, for you yourself have taught me.(Psa 119:102)

11

Kor) 그들이 그 죄를 뉘우치고 내 얼굴을 구하기까지 내가 내 곳으로 돌아가리라 그들이 고난 받을 때에 나를 간절히 구하리라(호 5:15)

Eng) Then I will go back to my place until they admit their guilt. And they will seek my face; in their misery they will earnestly seek me.(Hos 5:15)

12

Kor) 오라 우리가 여호와께로 돌아가자 여호와께서 우리를 찢으셨으나 도로 낫게 하실 것이요 우리를 치셨으나 싸매어 주실 것임이라(호 6:1)

Eng) Come, let us return to the LORD. He has torn us to pieces but he will heal us; he has injured us but he will bind up our wounds.(Hos 6:1)

13

Kor) 그러므로 우리가 여호와를 알자 힘써 여호와를 알자 그의 나타나심은 새벽 빛 같이 어김없나니 비와 같이, 땅을 적시는 늦은 비와 같이 우리에게 임하시리라 하니라(호 6:3)

Eng) Let us acknowledge the LORD; let us press on to acknowledge him. As surely as the sun rises, he will appear; he will come to us like the winter rains, like the spring rains that water the earth.(Hos 6:3)

14

Kor) 너희 의인들아 여호와를 즐거워하라 찬송은 정직한 자들이 마땅히 할 바로다(시 33:1)

Eng) Sing joyfully to the LORD, you righteous; it is fitting for the upright to praise him. (Psa 33:1)

Select and write Korean or English

8

9

10

11

12

13

14

15 Kor) 아브라함이나 그 후손에게 세상의 상속자가 되리라고 하신 언약은 율법으로 말미암은 것이 아니요 오직 믿음의 의로 말미암은 것이니라(롬 4:13)

Eng) It was not through law that Abraham and his offspring received the promise that he would be heir of the world, but through the righteousness that comes by faith. (Rom 4:13)

16 Kor) 너희는 가서 내가 긍휼을 원하고 제사를 원하지 아니하노라 하신 뜻이 무엇인지 배우라 나는 의인을 부르러 온 것이 아니요 죄인을 부르러 왔노라 하시니라(마 9:13)

Eng) go and learn what this means: 'I desire mercy, not sacrifice.' For I have not come to call the righteous, but sinners.(Mat 9:13)

17 Kor) 예수께서 돌이켜 그를 보시며 이르시되 딸아 안심하라 네 믿음이 너를 구원하였다 하시니 여자가 그 즉시 구원을 받으니라(마 9:22)

Eng) Jesus turned and saw her. "Take heart, daughter," he said, "your faith has healed you." And the woman was healed from that moment.(Mat 9:22)

18 Kor) 세계가 다 내게 속하였나니 너희가 내 말을 잘 듣고 내 언약을 지키면 너희는 모든 민족 중에서 내 소유가 되겠고(출 19:5)

Eng) Now if you obey me fully and keep my covenant, then out of all nations you will be my treasured possession. Although the whole earth is mine,(Exo 19:5)

19 Kor) 너희가 내게 대하여 제사장 나라가 되며 거룩한 백성이 되리라 너는 이 말을 이스라엘 자손에게 전할지니라(출 19:6)

Eng) you will be for me a kingdom of priests and a holy nation. These are the words you are to speak to the Israelites.(Exo 19:6)

20 Kor) 여호와께서 내 음성과 내 간구를 들으시므로 내가 그를 사랑하는도다(시 116:1)

Eng) I love the LORD, for he heard my voice; he heard my cry for mercy.(Psa 116:1)

21 Kor) 여호와가 우리 하나님이신 줄 너희는 알지어다 그는 우리를 지으신 이요 우리는 그의 것이니 그의 백성이요 그의 기르시는 양이로다(시 100:3)

Eng) Know that the LORD is God. It is he who made us, and we are his ; we are his people, the sheep of his pasture.(Psa 100:3)

Select and write Korean or English

15

16

17

18

19

20

21

22

Kor) 여호와는 선하시니 그의 인자하심이 영원하고 그의 성실하심이 대대에 이르리로다
(시 100:5)

Eng) For the LORD is good and his love endures forever; his faithfulness continues through all generations.(Psa 100:5)

23

Kor) 우리가 아직 죄인 되었을 때에 그리스도께서 우리를 위하여 죽으심으로 하나님께서 우리에 대한 자기의 사랑을 확증하셨느니라(롬 5:8)

Eng) but God demonstrates his own love for us in this: While we were still sinners, Christ died for us.(Rom 5:8)

24

Kor) 예수께서 모든 도시와 마을에 두루 다니사 그들의 회당에서 가르치시며 천국 복음을 전파하시며 모든 병과 모든 약한 것을 고치시니라(마 9:35)

Eng) Jesus went through all the towns and villages, teaching in their synagogues, preaching the good news of the kingdom and healing every disease and sickness. (Mat 9:35)

25

Kor) 보라 내가 너희를 보냄이 양을 이리 가운데로 보냄과 같도다 그러므로 너희는 뱀 같이 지혜롭고 비둘기 같이 순결하라(마 10:16)

Eng) I am sending you out like sheep among wolves. Therefore be as shrewd as snakes and as innocent as doves.(Mat 10:16)

26

Kor) 무릇 하나님께로부터 난 자마다 세상을 이기느니라 세상을 이기는 승리는 이것이니 우리의 믿음이니라(요일 5:4)

Eng) for everyone born of God overcomes the world. This is the victory that has overcome the world, even our faith.(1JO 5:4)

27

Kor) 집마다 지은 이가 있으니 만물을 지으신 이는 하나님이시라(히 3:4)

Eng) For every house is built by someone, but God is the builder of everything.(Heb 3:4)

28

Kor) 우리 안에 거하시는 성령으로 말미암아 네게 부탁한 아름다운 것을 지키라(딤후 1:14)

Eng) Guard the good deposit that was entrusted to you guard it with the help of the Holy Spirit who lives in us.(2Ti 1:14)

Select and write Korean or English

22

23

24

25

26

27

28

한글, 영어 중에 선택하여 기록하세요

29 Kor) 주는 선하사 사죄하기를 즐거워하시며 주께 부르짖는 자에게 인자함이 후하심이니이다
(시 86:5)

Eng) You are forgiving and good, O Lord, abounding in love to all who call to you.
(Psa 86:5)

30 Kor) 몸은 죽여도 영혼은 능히 죽이지 못하는 자들을 두려워하지 말고 오직 몸과 영혼을 능히 지옥
에 멸하실 수 있는 이를 두려워하라(마 10:28)

Eng) Do not be afraid of those who kill the body but cannot kill the soul. Rather, be
afraid of the One who can destroy both soul and body in hell.(Mat 10:28)

29

30

7 월
July

한글, 영어 중에 선택하여 기록하세요

1

Kor) 누구든지 사람 앞에서 나를 시인하면 나도 하늘에 계신 내 아버지 앞에서 그를 시인할 것 이요(마 10:32)

Eng) Whoever acknowledges me before men, I will also acknowledge him before my Father in heaven.(Mat 10:32)

2

Kor) 누구든지 사람 앞에서 나를 부인하면 나도 하늘에 계신 내 아버지 앞에서 그를 부인하 리라(마 10:33)

Eng) whoever disowns me before men, I will disown him before my Father in heaven. (Mat 10:33)

3

Kor) 자기 목숨을 얻는 자는 잃을 것이요 나를 위하여 자기 목숨을 잃는 자는 얻으리라 (마 10:39)

Eng) Whoever finds his life will lose it, and whoever loses his life for my sake will find it. (Mat 10:39)

4

Kor) 아브라함이 그 땅 이름을 여호와 이레라 하였으므로 오늘날까지 사람들이 이르기를 여호 와의 산에서 준비되리라 하더라(창 22:14)

Eng) So Abraham called that place The LORD Will Provide. And to this day it is said, "On the mountain of the LORD it will be provided."(Gen 22:14)

5

Kor) 나는 오직 주의 사랑을 의지하였사오니 나의 마음은 주의 구원을 기뻐하리이다(시 13:5)

Eng) I trust in your unfailing love; my heart rejoices in your salvation.(Psa 13:5)

6

Kor) 그리스도께서 우리를 자유롭게 하려고 자유를 주셨으니 그러므로 굳건하게 서서 다시는 종의 멍에를 메지 말라(갈 5:1)

Eng) It is for freedom that Christ has set us free. Stand firm, then, and do not let yourselves be burdened again by a yoke of slavery.(Gal 5:1)

7

Kor) 그러므로 너희는 죄가 너희 죽을 몸을 지배하지 못하게 하여 몸의 사욕에 순종하지 말 고(롬 6:12)

Eng) Therefore do not let sin reign in your mortal body so that you obey its evil desires.(Rom 6:12)

Select and write Korean or English

1

2

3

4

5

6

7

8

Kor) 너희를 영접하는 자는 나를 영접하는 것이요 나를 영접하는 자는 나를 보내신 이를 영접하는 것이니라(마 10:40)

Eng) He who receives you receives me, and he who receives me receives the one who sent me.(Mat 10:40)

9

Kor) 또 누구든지 제자의 이름으로 이 작은 자 중 하나에게 냉수 한 그릇이라도 주는 자는 내가 진실로 너희에게 이르노니 그 사람이 결단코 상을 잃지 아니하리라 하시니라(마 10:42)

Eng) And if anyone gives even a cup of cold water to one of these little ones because he is my disciple, I tell you the truth, he will certainly not lose his reward."
(Mat 10:42)

10

Kor) 나의 사랑하는 자가 내게 말하여 이르기를 나의 사랑, 내 어여쁜 자야 일어나서 함께 가자
(아 2:10)

Eng) My lover spoke and said to me, Arise, my darling, my beautiful one, and come with me.(Sos 2:10)

11

Kor) 여호와는 은혜로우시며 긍휼이 많으시며 노하기를 더디 하시며 인자하심이 크시도다
(시 145:8)

Eng) The LORD is gracious and compassionate, slow to anger and rich in love.(Psa 145:8)

12

Kor) 내가 왕의 이름을 만세에 기억하게 하리니 그러므로 만민이 왕을 영원히 찬송하리로다
(시 45:17)

Eng) I will perpetuate your memory through all generations; therefore the nations will praise you for ever and ever.(Psa 45:17)

13

Kor) 내가 행하는 것을 내가 알지 못하노니 곧 내가 원하는 것은 행하지 아니하고 도리어 미워하는 것을 행함이라(롬 7:15)

Eng) I do not understand what I do. For what I want to do I do not do, but what I hate I do.
(Rom 7:15)

14

Kor) 그러므로 내가 한 법을 깨달았노니 곧 선을 행하기 원하는 나에게 악이 함께 있는 것이로다(롬 7:21)

Eng) So I find this law at work: When I want to do good, evil is right there with me.(Rom 7:21)

Select and write Korean or English

8

9

10

11

12

13

14

15

Kor) 수고하고 무거운 짐 진 자들아 다 내게로 오라 내가 너희를 쉬게 하리라(마 11:28)

Eng) Come to me, all you who are weary and burdened, and I will give you rest. (Mat 11:28)

16

Kor) 나는 마음이 온유하고 겸손하니 나의 멍에를 메고 내게 배우라 그리하면 너희 마음이 쉼을 얻으리니(마 11:29)

Eng) Take my yoke upon you and learn from me, for I am gentle and humble in heart, and you will find rest for your souls.(Mat 11:29)

17

Kor) 내 입에서 나가는 말도 이와 같이 헛되이 내게로 되돌아오지 아니하고 나의 기뻐하는 뜻을 이루며 내가 보낸 일에 형통함이니라(사 55:11)

Eng) so is my word that goes out from my mouth: It will not return to me empty, but will accomplish what I desire and achieve the purpose for which I sent it.(Isa 55:11)

18

Kor) 주의 말씀은 내 발에 등이요 내 길에 빛이니이다(시 119:105)

Eng) Your word is a lamp to my feet and a light for my path.(Psa 119:105)

19

Kor) 너희 행악자들이여 나를 떠날지어다 나는 내 하나님의 계명들을 지키리로다(시 119:115)

Eng) Away from me, you evildoers, that I may keep the commands of my God!(Psa 119:115)

20

Kor) 육신을 따르는 자는 육신의 일을, 영을 따르는 자는 영의 일을 생각하나니(롬 8:5)

Eng) Those who live according to the sinful nature have their minds set on what that nature desires; but those who live in accordance with the Spirit have their minds set on what the Spirit desires.(Rom 8:5)

21

Kor) 육신의 생각은 사망이요 영의 생각은 생명과 평안이니라(롬 8:6)

Eng) The mind of sinful man is death, but the mind controlled by the Spirit is life and peace;(Rom 8:6)

Select and write Korean or English

15

16

17

18

19

20

21

22

Kor) 사람의 행위가 자기 보기에는 모두 깨끗하여도 여호와는 심령을 감찰하시느니라
(잠 16:2)

Eng) All a man's ways seem innocent to him, but motives are weighed by the LORD.
(Pro 16:2)

23

Kor) 내가 너와 함께 있어 네가 어디로 가든지 너를 지키며 너를 이끌어 이 땅으로 돌아오게 할지라 내가 네게 허락한 것을 다 이루기까지 너를 떠나지 아니하리라 하신지라(창 28:15)

Eng) I am with you and will watch over you wherever you go, and I will bring you back to this land. I will not leave you until I have done what I have promised you.
(Gen 28:15)

24

Kor) 내가 영원한 백성을 세운 이후로 나처럼 외치며 알리며 나에게 설명할 자가 누구냐 있거든 될 일과 장차 올 일을 그들에게 알릴지어다(사 44:7)

Eng) Who then is like me? Let him proclaim it. Let him declare and lay out before me what has happened since I established my ancient people, and what is yet to come yes, let him foretell what will come.(Isa 44:7)

25

Kor) 내가 새벽 날개를 치며 바다 끝에 가서 거주할지라도 거기서도 주의 손이 나를 인도하시며 주의 오른손이 나를 붙드시리이다(시 139:9-10)

Eng) If I rise on the wings of the dawn, if I settle on the far side of the sea, even there your hand will guide me, your right hand will hold me fast.(Psa 139:9-10)

26

Kor) 내게 무슨 악한 행위가 있나 보시고 나를 영원한 길로 인도하소서(시 139:24)

Eng) See if there is any offensive way in me, and lead me in the way everlasting.
(Psa 139:24)

27

Kor) 여호와여 주의 도를 내게 가르치소서 내가 주의 진리에 행하오리니 일심으로 주의 이름을 경외하게 하소서(시 86:11)

Eng) Teach me your way, O LORD, and I will walk in your truth; give me an undivided heart, that I may fear your name.(Psa 86:11)

28

Kor) 성령이 친히 우리의 영과 더불어 우리가 하나님의 자녀인 것을 증언하시나니(롬 8:16)

Eng) The Spirit himself testifies with our spirit that we are God's children.(Rom 8:16)

Select and write Korean or English

22

23

24

25

26

27

28

한글, 영어 중에 선택하여 기록하세요

29 Kor) 예수께서 대답하여 이르시되 하나님께서 보내신 이를 믿는 것이 하나님의 일이니라 하시니(요 6:29)

Eng) Jesus answered, "The work of God is this: to believe in the one he has sent."
(Joh 6:29)

30 Kor) 너희가 회개하여 각각 예수 그리스도의 이름으로 세례를 받고 죄 사함을 받으라 그리하면 성령의 선물을 받으리니(행 2:38)

Eng) Repent and be baptized, every one of you, in the name of Jesus Christ for the forgiveness of your sins. And you will receive the gift of the Holy Spirit.(Act 2:38)

31 Kor) 예수께서 이르시되 내가 곧 길이요 진리요 생명이니 나로 말미암지 않고는 아버지께로 올 자가 없느니라(요 14:6)

Eng) Jesus answered, "I am the way and the truth and the life. No one comes to the Father except through me."(Joh 14:6)

29

30

31

8월
August

1

Kor) 네가 만일 네 아버지 다윗이 행함 같이 내 길로 행하며 내 법도와 명령을 지키면 내가 또 네 날을 길게 하리라(왕상 3:14)

Eng) if you walk in my ways and obey my statutes and commands as David your father did, I will give you a long life.(1Ki 3:14)

2

Kor) 우리가 사랑함은 그가 먼저 우리를 사랑하셨음이라(요일 4:19)

Eng) We love because he first loved us.(1Jo 4:19)

3

Kor) 그런즉 너희는 하나님께 복종할지어다 마귀를 대적하라 그리하면 너희를 피하리라 (약 4:7)

Eng) Submit yourselves, then, to God. Resist the devil, and he will flee from you.(Jam 4:7)

4

Kor) 이와 같이 성령도 우리의 연약함을 도우시나니 우리는 마땅히 기도할 바를 알지 못하나 오직 성령이 말할 수 없는 탄식으로 우리를 위하여 친히 간구하시느니라(롬 8:26)

Eng) In the same way, the Spirit helps us in our weakness. We do not know what we ought to pray for, but the Spirit himself intercedes for us with groans that words cannot express.(Rom 8:26)

5

Kor) 이는 내게 사는 것이 그리스도니 죽는 것도 유익함이라(빌 1:21)

Eng) For to me, to live is Christ and to die is gain.(Phi 1:21)

6

Kor) 하나님께서 지으신 모든 것이 선하매 감사함으로 받으면 버릴 것이 없나니(딤전 4:4)

Eng) For everything God created is good, and nothing is to be rejected if it is received with thanksgiving,(1Ti 4:4)

7

Kor) 오호라 너희 모든 목마른 자들아 물로 나아오라 돈 없는 자도 오라 너희는 와서 사 먹되 돈 없이, 값 없이 와서 포도주와 젖을 사라(사 55:1)

Eng) Come, all you who are thirsty, come to the waters; and you who have no money, come, buy and eat! Come, buy wine and milk without money and without cost. (Isa 55:1)

1

2

3

4

5

6

7

8

Kor) 그의 거룩한 이름을 자랑하라 여호와를 구하는 자들은 마음이 즐거울지로다(시 105:3)

Eng) Glory in his holy name; let the hearts of those who seek the LORD rejoice.
(Psa 105:3)

9

Kor) 여호와께서는 모든 것을 선대하시며 그 지으신 모든 것에 긍휼을 베푸시는도다(시 145:9)

Eng) The LORD is good to all; he has compassion on all he has made.(Psa 145:9)

10

Kor) 여호와께서는 자기에게 간구하는 모든 자 곧 진실하게 간구하는 모든 자에게 가까이 하시는도다(시 145:18)

Eng) The LORD is near to all who call on him, to all who call on him in truth.(Psa 145:18)

11

Kor) 사람이 마음으로 믿어 의에 이르고 입으로 시인하여 구원에 이르느니라(롬 10:10)

Eng) For it is with your heart that you believe and are justified, and it is with your mouth that you confess and are saved.(Rom 10:10)

12

Kor) 주 앞에서 낮추라 그리하면 주께서 너희를 높이시리라(약 4:10)

Eng) Humble yourselves before the Lord, and he will lift you up.(Jam 4:10)

13

Kor) 진실로 그의 구원이 그를 경외하는 자에게 가까우니 영광이 우리 땅에 머무르리이다
(시 85:9)

Eng) Surely his salvation is near those who fear him, that his glory may dwell in our land.(Psa 85:9)

14

Kor) 너희는 믿음 안에 있는가 너희 자신을 시험하고 너희 자신을 확증하라 예수 그리스도께서 너희 안에 계신 줄을 너희가 스스로 알지 못하느냐 그렇지 않으면 너희는 버림 받은 자니라(고후 13:5)

Eng) Examine yourselves to see whether you are in the faith; test yourselves. Do you not realize that Christ Jesus is in you unless, of course, you fail the test?(2Co 13:5)

Select and write Korean or English

8

9

10

11

12

13

14

15 Kor) 너는 내일 일을 자랑하지 말라 하루 동안에 무슨 일이 일어날는지 네가 알 수 없음이니라(잠 27:1)

Eng) Do not boast about tomorrow, for you do not know what a day may bring forth. (Pro 27:1)

16 Kor) 너희 안에서 착한 일을 시작하신 이가 그리스도 예수의 날까지 이루실 줄을 우리는 확신하노라(빌 1:6)

Eng) being confident of this, that he who began a good work in you will carry it on to completion until the day of Christ Jesus.(Phi 1:6)

17 Kor) 예수께서 대답하시되 진실로 진실로 네게 이르노니 사람이 물과 성령으로 나지 아니하면 하나님의 나라에 들어갈 수 없느니라(요 3:5)

Eng) Jesus answered, "I tell you the truth, no one can enter the kingdom of God unless he is born of water and the Spirit."(Joh 3:5)

18 Kor) 옳다 인정함을 받는 자는 자기를 칭찬하는 자가 아니요 오직 주께서 칭찬하시는 자니라 (고후 10:18)

Eng) For it is not the one who commends himself who is approved, but the one whom the Lord commends.(2Co 10:18)

19 Kor) 돈을 사랑함이 일만 악의 뿌리가 되나니 이것을 탐내는 자들은 미혹을 받아 믿음에서 떠나 많은 근심으로써 자기를 찔렀도다(딤전 6:10)

Eng) For the love of money is a root of all kinds of evil. Some people, eager for money, have wandered from the faith and pierced themselves with many griefs.(1Ti 6:10)

20 Kor) 디모데야 망령되고 헛된 말과 거짓된 지식의 반론을 피함으로 네게 부탁한 것을 지키라 (딤전 6:20)

Eng) Timothy, guard what has been entrusted to your care. Turn away from godless chatter and the opposing ideas of what is falsely called knowledge,(1Ti 6:20)

21 Kor) 하나님이 큰 구원으로 당신들의 생명을 보존하고 당신들의 후손을 세상에 두시려고 나를 당신들보다 먼저 보내셨나니(창 45:7)

Eng) God sent me ahead of you to preserve for you a remnant on earth and to save your lives by a great deliverance.(Gen 45:7)

15

16

17

18

19

20

21

22

Kor) 이스라엘의 쫓겨난 자를 모으시는 주 여호와가 말하노니 내가 이미 모은 백성 외에 또 모아 그에게 속하게 하리라 하셨느니라(사 56:8)

Eng) The Sovereign LORD declares he who gathers the exiles of Israel: "I will gather still others to them besides those already gathered."(Isa 56:8)

23

Kor) 보라 형제가 연합하여 동거함이 어찌 그리 선하고 아름다운고(시 133:1)

Eng) How good and pleasant it is when brothers live together in unity! (Psa 133:1)

24

Kor) 땅이 그의 소산을 내어 주었으니 하나님 곧 우리 하나님이 우리에게 복을 주시리로다 (시 67:6)

Eng) Then the land will yield its harvest, and God, our God, will bless us.(Psa 67:6)

25

Kor) 그런즉 이와 같이 지금도 은혜로 택하심을 따라 남은 자가 있느니라(롬 11:5)

Eng) So too, at the present time there is a remnant chosen by grace. (Rom 11:5)

26

Kor) 입으로 들어가는 것이 사람을 더럽게 하는 것이 아니라 입에서 나오는 그것이 사람을 더럽게 하는 것이니라(마 15:11)

Eng) What goes into a man's mouth does not make him 'unclean,' but what comes out of his mouth, that is what makes him 'unclean.'"(Mat 15:11)

27

Kor) 입에서 나오는 것들은 마음에서 나오나니 이것이야말로 사람을 더럽게 하느니라 (마 15:18)

Eng) the things that come out of the mouth come from the heart, and these make a man 'unclean.'(Mat 15:18)

28

Kor) 내 백성이여 내게 주의하라 내 나라여 내게 귀를 기울이라 이는 율법이 내게서부터 나갈 것임이라 내가 내 공의를 만민의 빛으로 세우리라(사 51:4)

Eng) Listen to me, my people; hear me, my nation: The law will go out from me; my justice will become a light to the nations.(Isa 51:4)

Select and write Korean or English

22

23

24

25

26

27

28

한글, 영어 중에 선택하여 기록하세요

29 Kor) 우리의 영혼이 사냥꾼의 올무에서 벗어난 새 같이 되었나니 올무가 끊어지므로 우리가 벗어났도다(시 124:7)

Eng) We have escaped like a bird out of the fowler's snare; the snare has been broken, and we have escaped.(Psa 124:7)

30 Kor) 내가 간구하는 날에 주께서 응답하시고 내 영혼에 힘을 주어 나를 강하게 하셨나이다 (시 138:3)

Eng) When I called, you answered me; you made me bold and stouthearted.(Psa 138:3)

31 Kor) 여호와께서는 높이 계셔도 낮은 자를 굽어살피시며 멀리서도 교만한 자를 아심이니이다(시 138:6)

Eng) Though the LORD is on high, he looks upon the lowly, but the proud he knows from afar.(Psa 138:6)

Select and write Korean or English

29

30

31

9월
September

1 Kor) 사랑에는 거짓이 없나니 악을 미워하고 선에 속하라(롬 12:9)

Eng) Love must be sincere. Hate what is evil; cling to what is good.(Rom 12:9)

2 Kor) 이르시되 너희는 나를 누구라 하느냐 시몬 베드로가 대답하여 이르되 주는 그리스도시요 살아 계신 하나님의 아들이시니이다(마 16:15-16)

Eng) "But what about you?" he asked. "Who do you say I am?" Simon Peter answered, "You are the Christ, the Son of the living God." (Mat 16:15-16)

3 Kor) 누구든지 제 목숨을 구원하고자 하면 잃을 것이요 누구든지 나를 위하여 제 목숨을 잃으면 찾으리라(마 16:25)

Eng) For whoever wants to save his life will lose it, but whoever loses his life for me will find it.(Mat 16:25)

4 Kor) 여호와의 사자가 떨기나무 가운데로부터 나오는 불꽃 안에서 그에게 나타나시니라 그가 보니 떨기나무에 불이 붙었으나 그 떨기나무가 사라지지 아니하는지라(출 3:2)

Eng) There the angel of the LORD appeared to him in flames of fire from within a bush. Moses saw that though the bush was on fire it did not burn up.(Exo 3:2)

5 Kor) 하나님이 모세에게 이르시되 나는 스스로 있는 자이니라 또 이르시되 너는 이스라엘 자손에게 이같이 이르기를 스스로 있는 자가 나를 너희에게 보내셨다 하라(출 3:14)

Eng) God said to Moses, "I am who I am . This is what you are to say to the Israelites: 'I AM has sent me to you.'"(Exo 3:14)

6 Kor) 내가 너를 악한 자의 손에서 건지며 무서운 자의 손에서 구원하리라(렘 15:21)

Eng) I will save you from the hands of the wicked and redeem you from the grasp of the cruel.(Jer 15:21)

7 Kor) 환난 날에 나를 부르라 내가 너를 건지리니 네가 나를 영화롭게 하리로다(시 50:15)

Eng) And call upon me in the day of trouble; I will deliver you, and you will honor me. (Psa 50:15)

Select and write Korean or English

1

2

3

4

5

6

7

8

Kor) 존귀한 자는 존귀한 일을 계획하나니 그는 항상 존귀한 일에 서리라(사 32:8)

Eng) But the noble man makes noble plans, and by noble deeds he stands.(Isa 32:8)

9

Kor) 행위에서 난 것이 아니니 이는 누구든지 자랑하지 못하게 함이라(엡 2:9)

Eng) Not by works, so that no one can boast.(Eph 2:9)

10

Kor) 값으로 산 것이 되었으니 그런즉 너희 몸으로 하나님께 영광을 돌리라(고전 6:20)

Eng) You were bought at a price. Therefore honor God with your body.(1Co 6:20)

11

Kor) 새 계명을 너희에게 주노니 서로 사랑하라 내가 너희를 사랑한 것 같이 너희도 서로 사랑하라(요 13:34)

Eng) A new command I give you: Love one another. As I have loved you, so you must love one another.(Joh 13:34)

12

Kor) 너희는 이날을 기념하여 여호와의 절기를 삼아 영원한 규례로 대대로 지킬지니라 (출 12:14)

Eng) This is a day you are to commemorate; for the generations to come you shall celebrate it as a festival to the LORD a lasting ordinance.(Exo 12:14)

13

Kor) 인자야 내가 너를 이스라엘 족속의 파수꾼으로 삼음이 이와 같으니라 그런즉 너는 내 입의 말을 듣고 나를 대신하여 그들에게 경고할지어다(겔 33:7)

Eng) Son of man, I have made you a watchman for the house of Israel; so hear the word I speak and give them warning from me.(Eze 33:7)

14

Kor) 여호와께서는 자기 백성을 기뻐하시며 겸손한 자를 구원으로 아름답게 하심이로다 (시 149:4)

Eng) For the LORD takes delight in his people; he crowns the humble with salvation. (Psa 149:4)

Select and write Korean or English

8

9

10

11

12

13

14

한글, 영어 중에 선택하여 기록하세요

15 Kor) 여호와여 주의 율례들의 도를 내게 가르치소서 내가 끝까지 지키리이다(119:33)

Eng) Teach me, O LORD, to follow your decrees; then I will keep them to the end.
(Psa 119:33)

16 Kor) 내 마음을 주의 증거들에게 향하게 하시고 탐욕으로 향하지 말게 하소서(시 119:36)

Eng) Turn my heart toward your statutes and not toward selfish gain. (Psa 119:36)

17 Kor) 피차 사랑의 빚 외에는 아무에게든지 아무 빚도 지지 말라 남을 사랑하는 자는 율법을 다 이루었느니라(롬 13:8)

Eng) Let no debt remain outstanding, except the continuing debt to love one another, for he who loves his fellowman has fulfilled the law.(Rom 13:8)

18 Kor) 밤이 깊고 낮이 가까웠으니 그러므로 우리가 어둠의 일을 벗고 빛의 갑옷을 입자
(롬 13:12)

Eng) The night is nearly over; the day is almost here. So let us put aside the deeds of darkness and put on the armor of light.(Rom 13:12)

19 Kor) 두세 사람이 내 이름으로 모인 곳에는 나도 그들 중에 있느니라(마 18:20)

Eng) For where two or three come together in my name, there am I with them.
(Mat 18:20)

20 Kor) 삼가 누가 누구에게든지 악으로 악을 갚지 말게 하고 서로 대하든지 모든 사람을 대하든지 항상 선을 따르라(살전 5:15)

Eng) Make sure that nobody pays back wrong for wrong, but always try to be kind to each other and to everyone else.(1Th 5:15)

21 Kor) 교회는 그의 몸이니 만물 안에서 만물을 충만하게 하시는 이의 충만함이니라(엡 1:23)

Eng) Church is his body, the fullness of him who fills everything in every way(Eph 1:23)

15

16

17

18

19

20

21

22 Kor) 너희가 즐겨 순종하면 땅의 아름다운 소산을 먹을 것이요(사 1:19)

Eng) If you are willing and obedient, you will eat the best from the land;(Isa 1:19)

23 Kor) 예수께서 하나님의 아들이심을 믿는 자가 아니면 세상을 이기는 자가 누구냐(요일 5:5)

Eng) Who is it that overcomes the world? Only he who believes that Jesus is the Son of God.(1Jo 5:5)

24 Kor) 너희가 각각 마음으로부터 형제를 용서하지 아니하면 나의 하늘 아버지께서도 너희에게 이와 같이 하시리라(마 18:35)

Eng) This is how my heavenly Father will treat each of you unless you forgive your brother from your heart.(Mat 18:35)

25 Kor) 믿음이 연약한 자를 너희가 받되 그의 의견을 비판하지 말라(롬 14:1)

Eng) Accept him whose faith is weak, without passing judgment on disputable matters. (Rom 14:1)

26 Kor) 우리가 살아도 주를 위하여 살고 죽어도 주를 위하여 죽나니 그러므로 사나 죽으나 우리가 주의 것이로다(롬 14:8)

Eng) If we live, we live to the Lord; and if we die, we die to the Lord. So, whether we live or die, we belong to the Lord.(Rom 14:8)

27 Kor) 손을 게으르게 놀리는 자는 가난하게 되고 손이 부지런한 자는 부하게 되느니라(잠 10:4)

Eng) Lazy hands make a man poor, but diligent hands bring wealth.(Pro 10:4)

28 Kor) 무슨 일을 하든지 마음을 다하여 주께 하듯 하고 사람에게 하듯 하지 말라(골 3:23)

Eng) Whatever you do, work at it with all your heart, as working for the Lord, not for men,(Col 3:23)

Select and write Korean or English

22

23

24

25

26

27

28

한글, 영어 중에 선택하여 기록하세요

29   Kor) 세월을 아끼라 때가 악하니라(엡 5:16)

Eng) Making the most of every opportunity, because the days are evil. (Eph 5:16)

30   Kor) 이와 같이 나중 된 자로서 먼저 되고 먼저 된 자로서 나중 되리라(마 20:16)

Eng) "So the last will be first, and the first will be last." (Mat 20:16)

Select and write Korean or English

29

30

10월
October

1

Kor) 또 나를 위하여 구할 것은 내게 말씀을 주사 나로 입을 열어 복음의 비밀을 담대히 알게 하옵소서 할 것이니(엡 6:19)

Eng) Pray also for me, that whenever I open my mouth, words may be given me so that I will fearlessly make known the mystery of the gospel,(Eph 6:19)

2

Kor) 모든 영혼이 다 내게 속한지라 아버지의 영혼이 내게 속함 같이 그의 아들의 영혼도 내게 속하였나니 범죄하는 그 영혼은 죽으리라(겔 18:4)

Eng) For every living soul belongs to me, the father as well as the son both alike belong to me. The soul who sins is the one who will die.(Eze 18:4)

3

Kor) 만일 악인이 그 행한 악을 떠나 정의와 공의를 행하면 그 영혼을 보전하리라(겔 18:27)

Eng) If a wicked man turns away from the wickedness he has committed and does what is just and right, he will save his life.(Eze 18:27)

4

Kor) 내 백성이여, 내 율법을 들으며 내 입의 말에 귀를 기울일지어다(시 78:1)

Eng) O my people, hear my teaching; listen to the words of my mouth. (Psa 78:1)

5

Kor) 주를 바라는 자들은 수치를 당하지 아니하려니와 까닭 없이 속이는 자들은 수치를 당하리이다(시 25:3)

Eng) No one whose hope is in you will ever be put to shame, but they will be put to shame who are treacherous without excuse.(Psa 25:3)

6

Kor) 아무 일에든지 다툼이나 허영으로 하지 말고 오직 겸손한 마음으로 각각 자기보다 남을 낫게 여기고(빌 2:3)

Eng) Do nothing out of selfish ambition or vain conceit, but in humility consider others better than yourselves.(Phi 2:3)

7

Kor) 그는 보이지 아니하는 하나님의 형상이시요 모든 피조물보다 먼저 나신 이시니(골 1:15)

Eng) He is the image of the invisible God, the firstborn over all creation. (Col 1:15)

Select and write Korean or English

1

2

3

4

5

6

7

8

Kor) 우리의 권면은 간사함이나 부정에서 난 것이 아니요 속임수로 하는 것도 아니라
(살전 2:3)

Eng) For the appeal we make does not spring from error or impure motives, nor are we trying to trick you.(1Th 2:3)

9

Kor) 평안의 매는 줄로 성령이 하나 되게 하신 것을 힘써 지키라(엡 4:3)

Eng) Make every effort to keep the unity of the Spirit through the bond of peace.(Eph 4:3)

10

Kor) 우리로 그의 은혜를 힘입어 의롭다 하심을 얻어 영생의 소망을 따라 상속자가 되게 하려 하심이라(딛 3:7)

Eng) So that, having been justified by his grace, we might become heirs having the hope of eternal life.(Tit 3:7)

11

Kor) 너를 위하여 새긴 우상을 만들지 말고 또 위로 하늘에 있는 것이나 아래로 땅에 있는 것이나 땅 아래 물 속에 있는 것의 어떤 형상도 만들지 말며(출 20:4)

Eng) You shall not make for yourself an idol in the form of anything in heaven above or on the earth beneath or in the waters below.(Exo 20:4)

12

Kor) 너는 네 하나님 여호와의 이름을 망령되게 부르지 말라 여호와는 그의 이름을 망령되게 부르는 자를 죄 없다 하지 아니하리라(출 20:7)

Eng) You shall not misuse the name of the LORD your God, for the LORD will not hold anyone guiltless who misuses his name.(Exo 20:7)

13

Kor) 모세가 백성에게 이르되 두려워하지 말라 하나님이 임하심은 너희를 시험하고 너희로 경외하여 범죄하지 않게 하려 하심이니라(출 20:20)

Eng) Moses said to the people, "Do not be afraid. God has come to test you, so that the fear of God will be with you to keep you from sinning."(Exo 20:20)

14

Kor) 나의 반석이시요 나의 구속자이신 여호와여 내 입의 말과 마음의 묵상이 주님 앞에 열납 되기를 원하나이다(시 19:14)

Eng) May the words of my mouth and the meditation of my heart be pleasing in your sight, O LORD, my Rock and my Redeemer.(Psa 19:14)

Select and write Korean or English

8

9

10

11

12

13

14

15 Kor) 만군의 하나님이여 우리를 회복하여 주시고 주의 얼굴의 광채를 비추사 우리가 구원을 얻게 하소서(시 80:7)

Eng) Restore us, O God Almighty; make your face shine upon us, that we may be saved. (Psa 80:7)

16 Kor) 내가 이미 얻었다 함도 아니요 온전히 이루었다 함도 아니라 오직 내가 그리스도 예수께 잡힌 바 된 그것을 잡으려고 달려가노라(빌 3:12)

Eng) Not that I have already obtained all this, or have already been made perfect, but I press on to take hold of that for which Christ Jesus took hold of me.(Phi 3:12)

17 Kor) 뭇 사람을 공경하며 형제를 사랑하며 하나님을 두려워하며 왕을 존대하라(벧전 2:17)

Eng) Show proper respect to everyone: Love the brotherhood of believers, fear God, honor the king.(1Pe 2:17)

18 Kor) 나는 여호와로 말미암아 즐거워하며 나의 구원의 하나님으로 말미암아 기뻐하리로다 (합 3:18)

Eng) yet I will rejoice in the LORD, I will be joyful in God my Savior. (Hab 3:18)

19 Kor) 정의를 지키는 자들과 항상 공의를 행하는 자는 복이 있도다(시 106:3)

Eng) Blessed are they who maintain justice, who constantly do what is right.(Psa 106:3)

20 Kor) 여호와는 나의 목자시니 내게 부족함이 없으리로다(시 23:1)

Eng) The LORD is my shepherd, I shall not be in want.(Psa 23:1)

21 Kor) 망령되고 허탄한 신화를 버리고 경건에 이르도록 네 자신을 연단하라(딤전 4:7)

Eng) Have nothing to do with godless myths and old wives' tales; rather, train yourself to be godly.(1Ti 4:7)

Select and write Korean or English

15

16

17

18

19

20

21

22 Kor) 아무 것도 염려하지 말고 다만 모든 일에 기도와 간구로, 너희 구할 것을 감사함으로 하나님께 아뢰라(빌 4:6)

Eng) Do not be anxious about anything, but in everything, by prayer and petition, with thanksgiving, present your requests to God.(Phi 4:6)

23 Kor) 너희는 내게 배우고 받고 듣고 본 바를 행하라 그리하면 평강의 하나님이 너희와 함께 계시리라(빌 4:9)

Eng) Whatever you have learned or received or heard from me, or seen in me put it into practice. And the God of peace will be with you.(Phi 4:9)

24 Kor) 하나님 앞에서는 율법을 듣는 자가 의인이 아니요 오직 율법을 행하는 자라야 의롭다 하심을 얻으리니(롬 2:13)

Eng) For it is not those who hear the law who are righteous in God's sight, but it is those who obey the law who will be declared righteous. (Rom 2:13)

25 Kor) 나는 여호와라 나 외에 다른 이가 없나니 나 밖에 신이 없느니라 너는 나를 알지 못하였 을지라도 나는 네 띠를 동일 것이요(사 45:5)

Eng) I am the LORD, and there is no other; apart from me there is no God. I will strengthen you, though you have not acknowledged me,(Isa 45:5)

26 Kor) 해 뜨는 곳에서든지 지는 곳에서든지 나 밖에 다른 이가 없는 줄을 알게 하리라 나는 여호와라 다른 이가 없느니라(사 45:6)

Eng) So that from the rising of the sun to the place of its setting men may know there is none besides me. I am the LORD, and there is no other.(Isa 45:6)

27 Kor) 만국의 모든 신들은 우상들이지만 여호와께서는 하늘을 지으셨음이로다(시 96:5)

Eng) For all the gods of the nations are idols, but the LORD made the heavens.(Psa 96:5)

28 Kor) 너희의 믿음의 역사와 사랑의 수고와 우리 주 예수 그리스도에 대한 소망의 인내를 우리 하나님 아버지 앞에서 끊임없이 기억함이니(살전 1:3)

Eng) We continually remember before our God and Father your work produced by faith, your labor prompted by love, and your endurance inspired by hope in our Lord Jesus Christ.(1Th 1:3)

Select and write Korean or English

22

23

24

25

26

27

28

29 Kor) 너는 이스라엘 자손의 온 회중에게 말하여 이르라 너희는 거룩하라 이는 나 여호와 너희 하나님이 거룩함이니라(레 19:2)

Eng) Speak to the entire assembly of Israel and say to them: 'Be holy because I, the LORD your God, am holy.'(Lev 19:2)

30 Kor) 누구든지 하늘에 계신 내 아버지의 뜻대로 하는 자가 내 형제요 자매요 어머니이니라 하시더라(마 12:50)

Eng) For whoever does the will of my Father in heaven is my brother and sister and mother.(Mat 12:50)

31 Kor) 악에게 지지 말고 선으로 악을 이기라(롬 12:21)

Eng) Do not be overcome by evil, but overcome evil with good.(Rom 12:21)

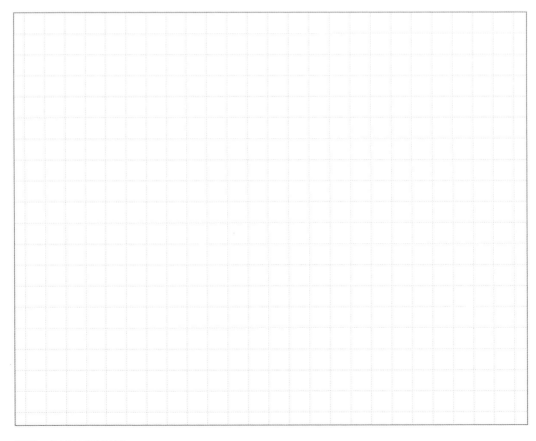

Select and write Korean or English

29

30

31

11월
November

11월 November _ Day 1 to 7

1 Kor) 하나님의 어리석음이 사람보다 지혜롭고 하나님의 약하심이 사람보다 강하니라
(고전 1:25)

Eng) For the foolishness of God is wiser than man's wisdom, and the weakness of God is stronger than man's strength.(1Col 1:25)

2 Kor) 지혜를 버리지 말라 그가 너를 보호하리라 그를 사랑하라 그가 너를 지키리라(잠 4:6)

Eng) Do not forsake wisdom, and she will protect you; love her, and she will watch over you.(Pro 4:6)

3 Kor) 내가 가는 길을 그가 아시나니 그가 나를 단련하신 후에는 내가 순금 같이 되어 나오리라(욥 23:10)

Eng) But he knows the way that I take; when he has tested me, I will come forth as gold. (Job 23:10)

4 Kor) 십자가의 도가 멸망하는 자들에게는 미련한 것이요 구원을 받는 우리에게는 하나님의 능력이라(고전 1:18)

Eng) For the message of the cross is foolishness to those who are perishing, but to us who are being saved it is the power of God.(1Col 1:18)

5 Kor) 예수께서 이르시되 네 마음을 다하고 목숨을 다하고 뜻을 다하여 주 너의 하나님을 사랑하라 하셨으니 이것이 크고 첫째 되는 계명이요(마 22:37-38)

Eng) Jesus replied: "'Love the Lord your God with all your heart and with all your soul and with all your mind.' This is the first and greatest commandment.(Mat 22:37-38)

6 Kor) 둘째도 그와 같으니 네 이웃을 네 자신 같이 사랑하라 하셨으니 이 두 계명이 온 율법과 선지자의 강령이니라(마 22:39-40)

Eng) And the second is like it: 'Love your neighbor as yourself.' All the Law and the Prophets hang on these two commandments."(Mat 22:39-40)

7 Kor) 너희를 저주하는 자를 위하여 축복하며 너희를 모욕하는 자를 위하여 기도하라(눅 6:28)

Eng) Bless those who curse you, pray for those who mistreat you.(Luk 6:28)

1

2

3

4

5

6

7

8

Kor) 그 형제를 미워하는 자마다 살인하는 자니 살인하는 자마다 영생이 그 속에 거하지 아니하는 것을 너희가 아는 바라(요일 3:15)

Eng) Anyone who hates his brother is a murderer, and you know that no murderer has eternal life in him.(1Jo 3:15)

9

Kor) 자녀들아 우리가 말과 혀로만 사랑하지 말고 행함과 진실함으로 하자(요일 3:18)

Eng) Dear children, let us not love with words or tongue but with actions and in truth. (1Jo 3:18)

10

Kor) 또 여호와를 기뻐하라 그가 네 마음의 소원을 네게 이루어 주시리로다(시 37:4)

Eng) Delight yourself in the LORD and he will give you the desires of your heart. (Psa 37:4)

11

Kor) 하나님의 나라는 말에 있지 아니하고 오직 능력에 있음이라(고전 4:20)

Eng) For the kingdom of God is not a matter of talk but of power.(1Co 4:20)

12

Kor) 내 영혼아 네가 어찌하여 낙심하며 어찌하여 내 속에서 불안해 하는가 너는 하나님께 소망을 두라 그가 나타나 도우심으로 말미암아 내 하나님을 여전히 찬송하리로다 (시 43:5)

Eng) Why are you downcast, O my soul? Why so disturbed within me? Put your hope in God, for I will yet praise him, my Savior and my God.(Psa 43:5)

13

Kor) 악인의 제사는 여호와께서 미워하셔도 정직한 자의 기도는 그가 기뻐하시느니라(잠 15:8)

Eng) The LORD detests the sacrifice of the wicked, but the prayer of the upright pleases him.(Pro 15:8)

14

Kor) 누구든지 자기를 높이는 자는 낮아지고 누구든지 자기를 낮추는 자는 높아지리라 (마 23:12)

Eng) For whoever exalts himself will be humbled, and whoever humbles himself will be exalted.(Mat 23:12)

8

9

10

11

12

13

14

15

Kor) 너희 관용을 모든 사람에게 알게 하라 주께서 가까우시니라(빌 4:5)

Eng) Let your gentleness be evident to all. The Lord is near.(Phi 4:5)

16

Kor) 오직 정의를 물 같이, 공의를 마르지 않는 강 같이 흐르게 할지어다(암 5:24)

Eng) Let justice roll on like a river, righteousness like a never-failing stream!(Amo 5:24)

17

Kor) 나는 가난하고 궁핍하오니 하나님이여 속히 내게 임하소서 주는 나의 도움이시요 나를 건지시는 이시오니 여호와여 지체하지 마소서(시 70:5)

Eng) Yet I am poor and needy; come quickly to me, O God. You are my help and my deliverer; O LORD, do not delay.(Psa 70:5)

18

Kor) 하나님은 모든 행위와 모든 은밀한 일을 선악 간에 심판하시리라(전 12:14)

Eng) For God will bring every deed into judgment, including every hidden thing, whether it is good or evil.(Ecc 12:14)

19

Kor) 여호와여 주와 같은 이 없나이다 주는 크시니 주의 이름이 그 권능으로 말미암아 크시니이다(렘 10:6)

Eng) No one is like you, O LORD; you are great, and your name is mighty in power. (Jer 10:6)

20

Kor) 나의 하나님이여 내가 주의 뜻 행하기를 즐기오니 주의 법이 나의 심중에 있나이다 하였나이다(시 40:8)

Eng) I desire to do your will, O my God; your law is within my heart. (Psa 40:8)

21

Kor) 주 여호와 앞에서 잠잠할지어다 이는 여호와의 날이 가까웠으므로 여호와께서 희생을 준비하고 그가 청할 자들을 구별하셨음이니라(습 1:7)

Eng) Be silent before the Sovereign LORD, for the day of the LORD is near. The LORD has prepared a sacrifice; he has consecrated those he has invited.(Zep 1:7)

Select and write Korean or English

15

16

17

18

19

20

21

22 Kor) 주께서 택하시고 가까이 오게 하사 주의 뜰에 살게 하신 사람은 복이 있나이다 우리가 주의 집 곧 주의 성전의 아름다움으로 만족하리이다(시 65:4)

Eng) Blessed are those you choose and bring near to live in your courts! We are filled with the good things of your house, of your holy temple. (Psa 65:4)

23 Kor) 각각 그 마음에 정한 대로 할 것이요 인색함으로나 억지로 하지 말지니 하나님은 즐겨 내는 자를 사랑하시느니라(고후 9:7)

Eng) Each man should give what he has decided in his heart to give, not reluctantly or under compulsion, for God loves a cheerful giver.(2Co 9:7)

24 Kor) 심는 자에게 씨와 먹을 양식을 주시는 이가 너희 심을 것을 주사 풍성하게 하시고 너희 의의 열매를 더하게 하시리니(고후 9:10)

Eng) Now he who supplies seed to the sower and bread for food will also supply and increase your store of seed and will enlarge the harvest of your righteousness. (2Co 9:10)

25 Kor) 예수께서 대답하여 이르시되 열 사람이 다 깨끗함을 받지 아니하였느냐 그 아홉은 어디 있느냐(눅 17:17)

Eng) Jesus asked, "Were not all ten cleansed? Where are the other nine?(Luk 17:17)

26 Kor) 나는 알파와 오메가요 처음과 마지막이요 시작과 마침이라(계 22:13)

Eng) I am the Alpha and the Omega, the First and the Last, the Beginning and the End. (Rev 22:13)

27 Kor) 너희 말을 항상 은혜 가운데서 소금으로 맛을 냄과 같이 하라 그리하면 각 사람에게 마땅히 대답할 것을 알리라(골 4:6)

Eng) Let your conversation be always full of grace, seasoned with salt, so that you may know how to answer everyone.(Col 4:6)

28 Kor) 사람을 두려워하면 올무에 걸리게 되거니와 여호와를 의지하는 자는 안전하리라 (잠 29:25)

Eng) Fear of man will prove to be a snare, but whoever trusts in the LORD is kept safe. (Pro 29:25)

Select and write Korean or English

22

23

24

25

26

27

28

29　Kor) 모든 것을 품위 있게 하고 질서 있게 하라(고전 14:40)

Eng) But everything should be done in a fitting and orderly way.(1Co 14:40)

30　Kor) 지혜를 얻는 자는 자기 영혼을 사랑하고 명철을 지키는 자는 복을 얻느니라(잠 19:8)

Eng) He who gets wisdom loves his own soul; he who cherishes understanding prospers.(Pro 19:8)

29

30

12 월
December

1

Kor) 교회는 그의 몸이니 만물 안에서 만물을 충만하게 하시는 이의 충만함이니라(엡 1:23)

Eng) Which is his body, the fullness of him who fills everything in every way.(Eph 1:23)

2

Kor) 어리석은 자는 온갖 말을 믿으나 슬기로운 자는 자기의 행동을 삼가느니라(잠 14:15)

Eng) A simple man believes anything, but a prudent man gives thought to his steps.
(Pro 14:15)

3

Kor) 임금이 대답하여 이르시되 내가 진실로 너희에게 이르노니 너희가 여기 내 형제 중에 지극히 작은 자 하나에게 한 것이 곧 내게 한 것이니라 하시고(마 25:40)

Eng) The King will reply, 'I tell you the truth, whatever you did for one of the least of these brothers of mine, you did for me.'(Mat 25:40)

4

Kor) 주 외에는 자기를 앙망하는 자를 위하여 이런 일을 행한 신을 옛부터 들은 자도 없고 귀로 들은 자도 없고 눈으로 본 자도 없었나이다(사 64:4)

Eng) Since ancient times no one has heard, no ear has perceived, no eye has seen any God besides you, who acts on behalf of those who wait for him.(Isa 64:4)

5

Kor) 여호와여, 너무 분노하지 마시오며 죄악을 영원히 기억하지 마시옵소서 구하오니 보시옵소서 보시옵소서 우리는 다 주의 백성이니이다(사 64:9)

Eng) Do not be angry beyond measure, O LORD; do not remember our sins forever. Oh, look upon us, we pray, for we are all your people.(Isa 64:9)

6

Kor) 만군의 하나님 여호와여 우리를 돌이켜 주시고 주의 얼굴의 광채를 우리에게 비추소서 우리가 구원을 얻으리이다(시 80:19)

Eng) Restore us, O LORD God Almighty; make your face shine upon us, that we may be saved.(Psa 80:19)

7

Kor) 사랑하는 자들아 주께는 하루가 천 년 같고 천 년이 하루 같다는 이 한 가지를 잊지 말라
(벧후 3:8)

Eng) But do not forget this one thing, dear friends: With the Lord a day is like a thousand years, and a thousand years are like a day.(2Pe 3:8)

1

2

3

4

5

6

7

8 Kor) 그러므로 사랑하는 자들아 너희가 이것을 바라보나니 주 앞에서 점도 없고 흠도 없이 평강 가운데서 나타나기를 힘쓰라(벧후 3:17)

Eng) Therefore, dear friends, since you already know this, be on your guard so that you may not be carried away by the error of lawless men and fall from your secure position.(2Pe 3:17)

9 Kor) 그러므로 우리가 낙심하지 아니하노니 우리의 겉사람은 낡아지나 우리의 속사람은 날로 새로워지도다(고후 4:16)

Eng) Therefore we do not lose heart. Though outwardly we are wasting away, yet inwardly we are being renewed day by day.(2Co 4:16)

10 Kor) 의인의 열매는 생명 나무라 지혜로운 자는 사람을 얻느니라(잠 11:30)

Eng) The fruit of the righteous is a tree of life, and he who wins souls is wise.(Pro 11:30)

11 Kor) 우리가 이 보배를 질그릇에 가졌으니 이는 심히 큰 능력은 하나님께 있고 우리에게 있지 아니함을 알게 하려 함이라(고후 4:7)

Eng) But we have this treasure in jars of clay to show that this all surpassing power is from God and not from us.(2Co 4:7)

12 Kor) 하나님의 성소에 들어갈 때에야 그들의 종말을 내가 깨달았나이다(시 73:17)

Eng) Till I entered the sanctuary of God; then I understood their final destiny.(Psa 73:17)

13 Kor) 너는 내게 부르짖으라 내가 네게 응답하겠고 네가 알지 못하는 크고 은밀한 일을 네게 보이리라(렘 33:3)

Eng) Call to me and I will answer you and tell you great and unsearchable things you do not know.(Jer 33:3)

14 Kor) 하나님께 가까이 함이 내게 복이라 내가 주 여호와를 나의 피난처로 삼아 주의 모든 행적을 전파하리이다(시 73:28)

Eng) But as for me, it is good to be near God. I have made the Sovereign LORD my refuge; I will tell of all your deeds.(Psa 73:28)

8

9

10

11

12

13

14

15 Kor) 하늘로부터 소리가 나기를 너는 내 사랑하는 아들이라 내가 너를 기뻐하노라 하시니라
(막 1:11)

Eng) And a voice came from heaven: "You are my Son, whom I love; with you I am well pleased."(Mar 1:11)

16 Kor) 내가 너희에게서 다만 이것을 알려 하노니 너희가 성령을 받은 것이 율법의 행위로냐 혹은 듣고 믿음으로냐(갈 3:2)

Eng) I would like to learn just one thing from you: Did you receive the Spirit by observing the law, or by believing what you heard?(Gal 3:2)

17 Kor) 누구든지 그리스도와 합하기 위하여 세례를 받은 자는 그리스도로 옷 입었느니라
(갈 3:27)

Eng) For all of you who were baptized into Christ have clothed yourselves with Christ.
(Gal 3:27)

18 Kor) 우리는 주의 백성이요 주의 목장의 양이니 우리는 영원히 주께 감사하며 주의 영예를 대대에 전하리이다(시 79:13)

Eng) Then we your people, the sheep of your pasture, will praise you forever; from generation to generation we will recount your praise.(Psa 79:13)

19 Kor) 나는 선한 목자라 나는 내 양을 알고 양도 나를 아는 것이 아버지께서 나를 아시고 내가 아버지를 아는 것 같으니 나는 양을 위하여 목숨을 버리노라(요 10:14-15)

Eng) I am the good shepherd; I know my sheep and my sheep know me just as the Father knows me and I know the Father and I lay down my life for the sheep.
(Joh 10:14-15)

20 Kor) 내 양은 내 음성을 들으며 나는 그들을 알며 그들은 나를 따르느니라(요 10:27)

Eng) My sheep listen to my voice; I know them, and they follow me.(Joh 10:27)

21 Kor) 유순한 대답은 분노를 쉽게 하여도 과격한 말은 노를 격동하느니라(잠 15:1)

Eng) A gentle answer turns away wrath, but a harsh word stirs up anger.(Pro 15:1)

Select and write Korean or English

15

16

17

18

19

20

21

22

Kor) 내가 복음을 부끄러워하지 아니하노니 이 복음은 모든 믿는 자에게 구원을 주시는 하나님의 능력이 됨이라(롬 1:16a)

Eng) I am not ashamed of the gospel, because it is the power of God for the salvation of everyone who believes(Rom 1:16a)

23

Kor) 항상 기뻐하라 쉬지 말고 기도하라 범사에 감사하라 이것이 그리스도 예수 안에서 너희를 향하신 하나님의 뜻이니라(살전 5:16-18)

Eng) Be joyful always; pray continually; give thanks in all circumstances, for this is God's will for you in Christ Jesus.(1Th 5:16-18)

24

Kor) 여호와여 구하옵나니 이제 구원하소서 여호와여 우리가 구하옵나니 이제 형통하게 하소서 (시 118:25)

Eng) O LORD, save us; O LORD, grant us success.(Psa 118:25)

25

Kor) 그가 우리를 대신하여 자신을 주심은 모든 불법에서 우리를 속량하시고 우리를 깨끗하게 하사 선한 일을 열심히 하는 자기 백성이 되게 하려 하심이라(딛 2:14)

Eng) Who gave himself for us to redeem us from all wickedness and to purify for himself a people that are his very own, eager to do what is good.(Tit 2:14)

26

Kor) 사람들이 너를 일컬어 거룩한 백성이라 여호와께서 구속하신 자라 하겠고 또 너를 일컬어 찾은 바 된 자요 버림 받지 아니한 성읍이라 하리라(사 62:12)

Eng) They will be called the Holy People, the Redeemed of the LORD; and you will be called Sought After, the City No Longer Deserted.(Isa 62:12)

27

Kor) 여호와께서 열방의 목전에서 그의 거룩한 팔을 나타내셨으므로 땅 끝까지도 모두 우리 하나님의 구원을 보았도다(사 52:10)

Eng) The LORD will lay bare his holy arm in the sight of all the nations, and all the ends of the earth will see the salvation of our God. (Isa 52:10)

28

Kor) 이르시되 진실로 너희에게 이르노니 너희가 돌이켜 어린 아이들과 같이 되지 아니하면 결단코 천국에 들어가지 못하리라(마 18:3)

Eng) And he said: I tell you the truth, unless you change and become like little children, you will never enter the kingdom of heaven.(Mat 18:3)

22

23

24

25

26

27

28

12월 **December** _ Day 29 to 31

29 Kor) 여호와를 경외하는 것이 지혜의 근본이요 거룩하신 자를 아는 것이 명철이니라(잠 9:10)

Eng) The fear of the LORD is the beginning of wisdom, and knowledge of the Holy One is understanding.(Pro 9:10)

30 Kor) 하나님은 모든 사람이 구원을 받으며 진리를 아는 데에 이르기를 원하시느니라(딤전 2:4)

Eng) God wants all men to be saved and to come to a knowledge of the truth.(1Ti 2:4)

31 Kor) 내가 달려갈 길과 주 예수께 받은 사명 곧 하나님의 은혜의 복음을 증언하는 일을 마치려 함에는 나의 생명조차 조금도 귀한 것으로 여기지 아니하노라(행 20:24)

Eng) However, I consider my life worth nothing to me, if only I may finish the race and complete the task the Lord Jesus has given me the task of testifying to the gospel of God's grace.(Act 20:24)

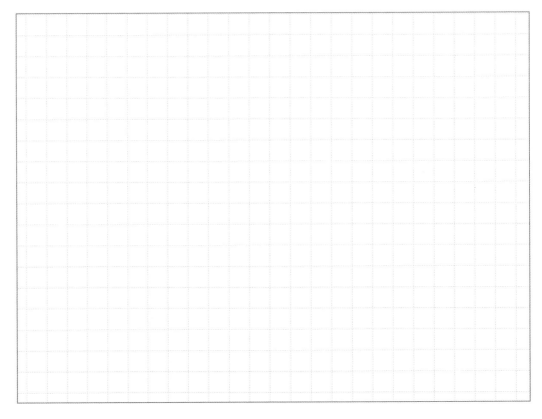

12월 December _ Day 29 to 31

29

30

31

365일 날마다 만나는 말씀

데일리 **하가** (한영)

1판 1쇄 | 2023년 11월 1일
지은이 | 오세중

펴낸이 | 황지은
펴낸곳 | 도서출판 여디디야
디자인 | 제이엘출판디자인
출판등록 | 제 2023-000211호
주　소 | 인천시 연수구 독배로 58 현대2차 아파트 207동 1802호
이메일 | jieungrim@hanmail.net
ISBN | 979-11-970121-4-3 03230